U0114430

博客思出版社

# 聚心玩有引力

## 社團經營的服務力
## 引導力和領袖魅力

李冠皇 ——— 著

推薦序

## 探索 成長 蛻變
## 玩出不一樣的人生路

文／蔡銘城
南山中學 校長


　　近年來，全球教育工作者關心的核心議題是「素養」，也就是知識、能力與態度的整合。同時也強調體驗式學習的重要性，鼓勵同學到大自然進行實際的體驗與學習，進而培養實際動手做、團隊合作能力、跨領域知識學習以及服務利他的精神。新制大學考選制度也已經逐漸跳脫「背多分」的死學硬記模式，當多元選才成為主流，苦讀不再是應對升學考試的唯一路徑，「認真玩」也可走出一條屬於自己的康莊大道。

　　冠皇校友是聚心團隊的創始元老，自 2004 年成立至今，協助本校多項課外活動之規劃、協調及帶領，舉凡童軍活動、跨校社團幹部訓練營隊及直升班鐵人挑戰營等活動課程，都可見到聚心團隊的身影。

　　我任內親眼看見聚心團隊從草創期的篳路藍縷，到今日成長茁壯的歷程，身為校長也為冠皇及所屬團隊感到驕傲。以鐵人營為例，這群聚心人分散在不同

的大學，透過遠距方式設計活動內容，課業負擔再重，都不能拿來當沒有完成交辦工作的藉口，只因表定的進度毫無妥協餘地。活動總彩排、驗收時，就會看到校友們都趕回校園密集會議，因為這是發現活動設計有否疏失的最佳優化機會。營隊辦理期間，當學員還在睡夢中，聚心團隊成員就開始忙碌了，每一個突發事件，都在考驗團隊的危機處理能力。我常看到在學員就寢後，聚心人還不能休息，他們針對當天的活動進行檢討、隔天的流程討論等，真的是鐵人營活動幕後的鐵人。

這群聚心人原本可以安逸地渡過大學生活，為什麼他們就是有著一股狂熱及傻勁，前仆後繼地薪火相傳？因為聚心人在活動中，培養的堅實情誼與領導能力，是出社會之後最強的競爭力。冠皇校友本身就是最佳見證，這本書充分展現了他勇於試探、多元學習、堅毅卓絕的精神，他不但自我成長，更以愛心、耐心、有智慧的帶領學弟妹們探索學習。而冠皇成功之餘不忘母校及團隊栽培，特別於出書時，表彰人生中的貴人，更是他知福、惜福、再造福的良善美德。

身為教育工作者，衷心推薦這本書給社會大眾一起來瞭解體驗式學習，並且推廣服務學習的理念。這樣的教與學模式，不僅可以結合各領域的知識範疇，更藉由團隊合作的動能，來培養溝通與領導的能力。

玩出服務力、引導力和領袖魅力，讓南山的學子們，
將來能在各自的領域發光發熱，讓聚心人的熱誠，為
這個社會勾勒更美好的未來。

## 校友有情 薪火相傳

文／林志宏
南山中學　校友會理事長

　　冠皇是南山的校友，透過此次出書，希望可以讓更多學子更瞭解聚心並一起支持！而身為理事長的我，很榮幸能夠為校友寫序。

　　聚心活動團隊自 2004 年創立迄今近 20 載，無論是始終在背後支持團隊的校方、擔任「聚心導師」的酈若銘組長，或是先後加入聚心活動團隊的各屆校友，沒有彼此共同的努力，我們現在就不會看到，那麼多優秀的南山學子，在畢業後以多元方式回饋母校、讓品德教育扎根到南山人的心中。

　　學校就像是個小型社會，許多事情都仰賴師長與學生之間的默契；到了大學或是職場，勢必有更多的責任需要團體共同肩負。除藉由籌辦綜合活動課程，致力培育南山學子品德涵養，我想更重要的是，讓學弟妹們在每次課程與活動的歷程中，透過合作、溝通來學習團隊合作之精神。《聚心玩有引力》正是一本

以團隊為中心的工具書，透過各式舉辦團康、營隊的教程，讓讀者在實踐書本內容後，也能夠體會到合作的真諦，及內心的成就感與喜悅。

「聚心」多年來專注於回饋母校在校學子，正所謂「滴水之恩，當湧泉相報」，期許未來也會有更多不同領域的校友，回到校園中投入各式各樣的資源與服務，讓南山學園變得更好，感謝聚心團隊多年來的堅持與努力。願此書的誕生，可以嘉惠更多年輕人投入服務學習，並期許聚心的路愈來愈廣，南山的校友們，未來都能成為社會中的菁英。

最後，希望透過《聚心玩有引力》這本好書，可以幫助更多的讀者，一起透過團隊活動傳承經驗與愛，分享給更多的人！

「玩遊戲」不是罪
怕不懂「玩遊戲」

文／鄺若銘
南山中學　社團活動組長


　　在聚心活動團隊成立 18 年之際，欣見團隊創辦人李冠皇先生撰寫《聚心玩有引力》一書，除了道出團隊的創辦歷史，也提供他 10 多年來設計、帶領活動的心得分享。我與李冠皇先生亦師亦友的情誼超過 20 年，他對於投注於活動設計引導，對於能夠解決團隊活動所無法顧及的個別差異性，這些年來他用功許多，也提出了確實可行的方案，多次實踐於學校活動甚至獲獎肯定，同時辦理教師研習，以引導技巧切入學生與家長之間的關係，讓師生關係產生了教學之外的火花與信賴感。


　　這本書名《聚心玩有引力》，點出了活動設計的核心「玩」，利用「玩」所帶來的吸引力，如何因勢利導，「玩」出學問與價值。但身為中學教育工作者，我認為無論是教師或是家長，甚至是學生，對於「玩」、「活動」、「遊戲」普遍都帶有負面意義的價值判斷，因為它不屬於、也不被認為是教學的方法，更不具備

教學的價值。我們常說：

「你跑去哪玩了？」

「每天打線上遊戲，有在看書嗎？」

「你搞社團活動，有認真上課嗎？」。

　　拜科技所賜，手遊及線上遊戲市場當道，在各種我們所見的影音、電腦、手機、平面等各式媒體，都可以見到頻繁的廣告投入市場，所消費的對象不僅僅是我們教育者所關注的學生族群，而是有更多的成年民眾。被吸引的原因有很多，有的是遊戲所建構虛擬世界，有的是生活經驗的轉換或替代，有的是為了實現在現實世界所無法實踐的自我價值，更有甚者可以此為業而賴以生存。我們更應深思，為何被視為負面意義的「玩遊戲」，竟然可以吸引每日數十萬人的線上對戰，我們並不是要去檢討這些「玩遊戲」的人本身的問題，說他們如何的玩物喪志、廢寢忘食，而是應該去理解，為何遊戲所建構虛擬世界會如此吸引人。

　　當我們把年齡拉回到幼兒階段，在缺乏成熟的認知判斷能力的幼兒來說，幼教老師如何引導他們去探索這個世界？認識所處的生活環境，告訴他們甚麼是危險的？甚麼是值得信任的？經常仰賴的是與生俱來

的身體與心理本能，用「玩」、「活動」、「遊戲」的方式來引導。勞倫思‧柯恩《遊戲力》一書提出如何運用「遊戲」來建立孩子的自信和自尊，父母可把遊戲作為親子間快樂、有效率又充滿熱情地教養方式，代替責罵與懲罰。換句話說，這樣的學習方法可避免不必要的衝突，也比起經過多層符號轉換的知識結構，更能夠讓孩子吸收理解真實的面貌，而非霧裡探花，或是吃過豬肉卻沒看過豬走路的零碎知識片段，藉此補足理解知識的全貌。

臺灣一間圍棋教室所立下的教育理念「從遊戲中開啟智慧」，這句話講得真好，遊戲開啟的是智慧，而不是學習知識；知識的向度有限，是經過語言編程化後的產物，然而我們學習的方法並不是只有仰賴語言的認知理解；智慧的向度無限，除了認知還包含了情感、思辨、創造乃至於靈性，以及身體感官所經歷一切歷程的總和。而透過有目的、有意義的遊戲設計（活動設計），植入我們所要設定的學習目標，達到了學習效果超乎我們想像，甚至可能一輩子都不會忘記。若我們身為教育工作者，能夠理解、擷取遊戲式的關鍵元素，挪用、轉化成為我們教學的設計方法，是否更能夠讓學習者進入所謂「沉浸式」的學習場域，而不是採取苦口婆心、耳提面命的灌輸知識或反覆練習，期望學習者能夠記起來、學起來、用起來的知識技能。

　　我與李冠皇先生在學校體系內，創建了「真人版線上遊戲」的主題式情境活動設計，這也包含了近年坊間盛行的「密室逃脫」解謎任務，經歷多年的修正、精粹、演化，已經實踐超過 10 多年。這種以角色扮演為核心所進行「虛擬中的現實遊戲」，相較於純粹虛擬的線上遊戲，更能夠凸顯出真實世界的人我關係、資源整合、決策選擇、團隊衝突、危機處理等議題，學習者在「玩遊戲」的過程中，實踐了教育者所設定的學習目標，甚更有之往往超出教學設計所未能預期的後設認知策略 (Metacognitive Strategies)，進而刺激、建構、修正、結構化學習者的學習基模 (Schema)，這樣的學習效果超出我們的想像，正如「線上遊戲」係讓參與者以著魔的方式，不斷的複製遊戲中的成功經驗，自我推論其成敗歸因 (Attribution of Success and Failure)，而持續地每日上線「練功」、「賺經驗值」。

　　這些年，我所關注活動設計的基本元素及遊戲中玩家所做的決定，往往跟哲學相關，東方儒家系統所帶給我們的價值判斷，或是西方哲學所強調的個人成就實踐，都可以被歸納其中；無論是實體的或是虛擬的遊戲，乃至於近年衍生出「虛實合一」的虛擬實境、擴增實境，都脫離不了這些範疇。我認為一個被公認好的遊戲設計，應是當你進入遊戲的場域，而這個場域的情境是被設計過的，所能被陳述的語言與規則越少越好，你不需花太多的力氣，自然就能夠「活在這

個遊戲世界之中」；而在這個世界之中用「玩」的方式，取得並運用手上資源，進行配置以及選擇，乃至於需要與他人合作，才能夠在這個世界活下去。

然而我們該如何著手活動設計呢？首先要決定的是基礎架構，就像業主及建築師蓋個新房子一樣，先決定要蓋甚麼樣的房子，房子蓋好是給誰用？是獨棟的還是連排的？是高樓大廈還是別墅？樓上樓下幾層？等到確定房子的型態後，再來決定各個空間要如何規劃，如何裝潢。我看到許多年輕學子或者想要從事活動設計的人，往往忽略蓋房子基礎架構的首要順序及重要性，常常都是先想「我要玩甚麼遊戲」、「哪些遊戲又新又好玩」、「別人有我們也要有」或是「我就是不要跟前人玩的一樣」這樣的心態，這些都是「裝潢」的工作，而且想法往往超出房子本體結構的限制，「裝潢」往往長到房子外面去了；這樣的活動設計就會出現互斥、不合理、違反意願、跑不動、當機的「bug」，若實際執行將造成上述的許多問題，遊戲參加者以至於抱怨遊戲難玩，規則不清楚、不公平，或是覺得遊戲很愚蠢，更遑論談到所期望的學習目標了。

李冠皇先生所設計的「熱血三國隔宿露營」正可以提供有心躍躍欲試，卻無從下手的學校教師借鏡。他 2012 年在臺北康橋中學擔任訓育副組長一職，將「三國」手機遊戲的虛擬轉化為真實情境，學生化身三國

武將對戰、積累兵力點數，最後在學科攻城略地中，體驗及涵養策略規劃、資源整合能力，爭取天下霸業；我們知道，三國爭霸天下的故事有其歷史脈絡，也是「線上遊戲」所熱門的題材，然而當今學生所認識的「三國」，恐怕不是從《三國志》或《三國演義》等古代文本去閱讀理解，幾乎都是從電視媒體，甚至是線上遊戲之中所學習到的內容；該如何將學習內容運用遊戲設計的方式來讓學生學習？首先學科教師帶學生回顧古代文本與討論現代手遊的異同，另一方面結合角色扮演及情境引導來設計整個隔宿露營活動，高度激發學生學習動機，正是「真人版線上遊戲」將活動與學科完美結合的經典創新案例，顛覆臺灣傳統隔宿露營教學模組，並獲得臺灣 GreaTeach KDP 創意教學特優獎。這種大型校外教學的活動設計難度最高，首先要先決定的是「蓋房子的型態」，這個往往需要學校行政體系的支持，再來才進入課程與活動設計的「裝潢」階段，確立遊戲的主軸，一至二條線即可，不可過多，之後統整跨領域學科的合作以及行政的後勤支援。

　　阿里巴巴創辦人馬雲談到，創新和教育，他認為創新是教不出來的，「玩」卻能生出「新常態」，文化是玩出來的，會玩的孩子、能玩的孩子、想玩的孩子一般都很有出息。根據人力銀行 2019 年的調查，臺灣夢幻工作的第三名是「網紅及周邊領域工作」，它

不僅僅是一個現象，而是已經成為一種職業，具有高自由度及高收入的令人羨慕工作環境，這個職業在 10 年前的人們是無法想像的；而這些網紅的成功經驗，有絕大的因素是從小就開始「玩手機自拍」。因此，「玩」不只是當下的「玩樂」，其實它還代表對事物的熱情、應變、堅持的能力，像是遊戲世界裡面，想要活下去，你不斷地學習別人的長處，甚至可以復活重來，直到破關為止。正如這本書《聚心玩有引力》，利用「玩」所帶來的吸引力，我們身為教育工作者該如何因勢利導，不能只是「玩」一下而已，而是要認真的「玩」下去，從中「玩」出新花樣，帶學生「玩」出學問與價值。

李冠皇老師目前在蘇州昆山康橋學校擔任德育處主任，融通他多年的教學經驗及活動引導心得，對於想要辦好活動，帶領活動的學子們或是活動領隊，是一本可供學習參考、簡易搜索的法寶秘笈；同時，從教學設計來看，活動設計的方法亦可為第一現場的教師帶來一些省思。對於有識者，亦能參透其中的關竅，將活動設計視為一種藝術，而不是只有死板板的規則，從中感受到遊戲世界帶給玩家的豐富情感以及成為理想人格的追隨者。我們必須認知「玩遊戲」不是罪，怕不懂「玩遊戲」，或許這才是身為教育工作者掌握時空脈動，跟上未來世代腳步，培育學生成為一個影響生命無限延伸的種子為目標。

**聚心玩有引力：**

社團經營的服務力

引導力和領袖魅力

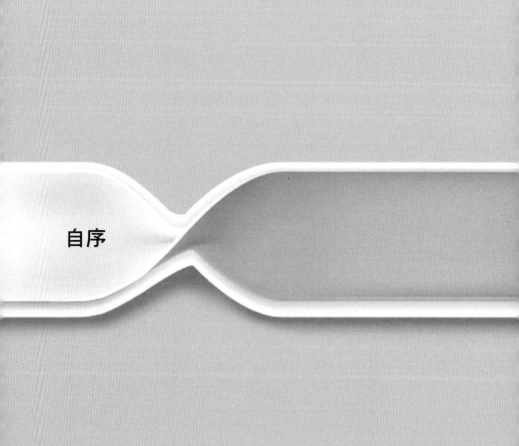

自序

# 反哺服務
# 二十年如一日

文／李冠皇

　　反哺服務，源自童軍運動中，羅浮、行義童軍擔任活動輔導員，引領童軍習得技能、涵養品格之意。亦同古文：羊有跪乳之恩，鴉有反哺之義。更是提醒我們，應當飲水思源、不忘師恩。基於在校期間，蒙獲師長給我們的栽培和教導，我們更珍惜反哺服務的機會。以活動帶領的方式，服務在學的學弟妹，共同學習與成長。本書的出版，除了獻給團隊作為紀念外，更希望對教育工作者，有下列三個回饋與貢獻。

## 校友服務隊典範轉移

　　近二十年來，聚心活動團隊專注於校友反哺服務，都有賴指導老師、歷屆學長姊的共同努力，循著前人腳步傳承與創新並陳，不斷擴大影響力。我希望在此刻，書寫記錄團隊的辛酸血淚史，能幫助後進的夥伴，瞭解前人開創之不易，將服務的炬火永續傳承。同時也希望聚心的案例，能作為教育現場校友服務隊、服務性社團組織經營的參考範例，將典範轉移。

## 第一次辦營隊就上手

本書第二章節，首次公開關於營隊籌辦、活動設計與帶領的知識點，是多年來我們在培訓新進夥伴的基本功，將過去累積的教案、教材，精選出一百招活動秘技，以釐清營隊活動的架構、形式、目的、設計思維和帶領技巧等。希望能提供給，同樣以活動帶領方式，服務青少年的社團夥伴，有更多的參考和借鏡。

## 玩出終身受益的能力

在身體力行的服務中，涵養和驗證社會適應力。我特別邀請多位已步入職場的學長姊，分享在聚心的歷練與收穫，以及在各工作領域，實務經驗的心得與感悟。給大學在校生，或是即將步入職場的夥伴，有更多的提醒和勉勵。以此凸顯，服務性社團出身的孩子，在幫助他人的同時，也為自己的未來，做了更多的預備！

學長姊反哺服務學弟妹，以大帶小、異齡學習的課堂風景，創造學習共同體，讓服務者和被服務者雙邊受益與成長。近年來，我也看到越來越多的學校、組織，創建此類反哺服務的機會，玩出屬於團體的正向文化。希望更多教育工作者，一起推廣反哺服務的精神，讓更多學生受益！最令師長們感動不已的，是看到過去被服務的學弟妹，長大後回歸擔任服務者、

領導者！唯有深耕，才會讓團隊有根、有文化，進而
有機會看見開花結果的燦爛和喜悅。

# CH1
## 第一章

聚心玩出服務力
聚人族譜家訓

# 目錄 content

CH1-1　聚心活動玩什麼？　　　　28

CH1-2　聚心誕生日　　　　　　　36

CH1-3　聚心玩家導師　　　　　　39

CH1-4　聚心頭號玩家　　　　　　43

CH1-5　玩出服務力　　　　　　　47

CH1-6　玩出引導力　　　　　　　52

CH1-7　玩出社會適應力　　　　　56

CH1-8　聚心經典好玩案例　　　　59

CH1-9　聚心玩遊記　　　　　　　62

CH1-10　聚心組織章程　　　　　　66

CH1-11　招募、培養新聚人　　　　77

# 聚心玩出服務力

聚心活動團隊，近二十年來，專注於校友反哺服務。

南山高中畢業校友，以活動營隊籌辦、活動帶領的方式，身體力行回饋母校，創建愛校、反哺的校園文化，都有賴指導老師引導、歷屆學長姊的共同努力，循著前人腳步，傳承與創新並進，不斷擴大影響力。本章節分享聚心的辛酸血淚史，可以讓更多教育現場，同樣經營服務性社團的老師、學生，有借鏡參考之用；同時更希望後進的聚心學弟妹，瞭解學長姊們開創之不易，珍惜和傳遞現有的資源和榮耀。

# CH1-1

## 聚心活動玩什麼？

**緣起南山　薪火相傳**

2004 年暑假，我時任輔仁大學大傳系學生會會長，正如火如荼地和系上同學，籌備迎新宿營。七月中旬，南山中學活動組長鄺若銘老師，找我談起，校友來籌辦社團幹部訓練營的可能性。我找上同屆畢業的南山高中畢業校友：高萩娟、林春雅、呂登逸、陳鵬年，以及輔大各系學會的學長姊們，加入籌辦團隊，我和校友們的合作，因著過去在高中階段，同為南山社團聯席會的幹部，有基礎的信任和默契，加上輔大學長姊們豐富的營隊籌辦經驗，雖倉促成軍，在手把手的經驗傳承中，細化每個活動環節、注意事項，共同創造高漲且凝聚的營隊氛圍！打響了校友活動服務隊的名號！這是第一次，社團幹部訓練由校友為核心的團隊來執行，帶領新任的高二社團幹部，完成兩天一夜的社團領導知能研習營（後文簡稱領知營），為新學年的社團經營預作準備，更是榜樣的樹立。營隊結束後，以心傳服務聯盟為名正式成軍，取薪火相傳之意，希望培養更多畢業校友加入團隊，提攜後進南山學子。

現在回頭想，當初鄺老師為什麼敢將此大任交給我們？將活動外包給校外專業的活動隊、康輔團隊，是最輕鬆的方式，鄺組長的出發點，係以延續學校社團活動人才畢業後，和學校保持緊密且長久的連結，創建一個校友服務的平臺，讓我們能夠驗證學習成果，以及回饋學校、反哺學弟妹的機會。我常戲稱我們都

是「鄺家班」，身為大師兄，有機會帶領聚心活動團隊成長，何其有幸。記得我讀高一時，鄺老師剛到南山任職活動組長。陸續開創學生多元學習的平臺，從社團評鑑制度落實、童軍團深化經營、建立與經營社團聯席會、擴大社團成果發表等工作，鄺老師總給我們這些學生們，創造很多學習和表現的舞臺。2004 年他具遠見地，指導、扶持校友活動服務隊的創立，感謝一路以來，都有鄺老師引領我們成長。將近二十年了，我的許多教育理念、活動概念與經驗養成，都師承鄺老師，是我和聚心活動團隊夥伴們，永遠的導師。

##  聚心為名　反哺為本

2004-2007 年，心傳服務聯盟除了南山中學各項活動課程的配合外，有更多不同的嘗試：學生畢旅領隊、公關行銷活動執行、企業團隊建立之策畫與執行等。團隊人數日益壯大，大家的意見多元分歧，當時我沒有能力整合大家意見，到底要帶領大家往哪裡去？在無法釐清團隊目標和精神之下，大家決議解散團隊。2007 年暑假，大家將社團領知營，做為告別之作，也許因為要說再見，大夥更用心的籌備課程、精緻美工、嚴格驗收等，都想將最精彩的成果，獻給最後的舞臺。幾年下來，大家擁有絕佳的默契、相互補位協助，每個段落都很精緻和順暢，新進的大一新鮮人，也能很快地融入團隊，每個人都能展現出個人特質，在這個營隊中大放異彩、爭奇鬥艷，每個人都是學弟妹崇拜

和學習的對象。活動後的檢討會議上，除了討論缺失和精進之處外，也許因著營隊的正向回饋，有人提議重組校友服務隊，獲得多數人同意後，決議將另召開社員大會，來推舉執行長和訂定團隊章程。

在社員大會上，我爭取執行長一職，提出三個心態：愛心、關心、開心，以及感恩、服務、學習、正向等四個宗旨，鼓勵大家創造和實踐，以活動的形式，服務、回饋南山母校，更要拓展活動領域的學習，自我提升和成長。在獲得大家的投票同意後，將團隊名稱和草擬之章程，和大家一起充分交換意見。最後決議以聚心活動團隊為名，三人行必有我師焉，取眾人之優點、匯聚人才、凝聚向心之意。後進的學弟妹，則以聚是一團火，散是滿天星（心），延伸出不同的寓意。

聚心活動團隊的英文名，由創團元老之一陳鵬年命名：Touch Together Activity Team，以觸動人心來詮釋聚心。另團隊形象標誌，由溫若芸設計，齒輪代表聚心人不停轉動，六個人是以三人行為概念，希望匯聚更多三人行必有師之意。首屆團服的選色開始，大家共識團服要能顯眼奪目，最後以紅色高票通過，另為了搭配多天數的營隊，還有黃色、藍色的團服可替換。近二十年了，在南山，有一種紅叫聚心紅，紅色是聚心的主視覺色，同時也代表炙熱澎湃的熱血服務之心。

## 煙火謝幕　種子萌芽

2007 年九月我到宜蘭佛光大學就讀傳播所，團隊由許家豪接任執行長，我則開始擔任顧問的角色。在許執行長運籌帷幄的帶領下，團隊穩定成長。我離開臺北前和酈老師吃飯，他除了欣喜團隊重建外，也提點我幾個問題：你到三、四十歲，還在學員面前，唱唱跳跳帶活動？如果不是，應該要有更多的學習，去瞭解九年級直升班的高空繩索項目的課程脈絡、瞭解什麼是體驗式學習、什麼是反思引導？酈老師覺得，我的個人特質，很適合擔任引導員的工作。那時我投注了所有的精神，在研究所入學的事務上，因此這個對話的具體行動，直到 2009 年我任職於派樂活動諮詢有限公司，擔任企業培訓課程的助理，跟著賴恆毅老師學習，才有更多的看見和專業成長。

我在讀研期間，有空餘時間就回到臺北，跟著賴老師的課堂學習、討教。在賴老師的提攜下，我有機會參與設計韓國首爾地鐵尋寶、北京恭王府尋寶等大型專案，都是增進我對體驗式課程的認識。最讓我驚豔的是，2009 年，我參加 AAEE 亞洲體驗教育學會助理引導員認證課程，透過洪中夫老師兩天的課程帶領，讓我對「活動」有不同的理解，體驗式學習係藉由活動形式開展，透過反思引導聚焦討論，帶出教育意義和學習收穫。第一天課程結束，在回家路上，我像是如獲至寶的少年，雀躍的向酈老師、賴老師分享學習

收穫。我體悟到，我們可以匠氣的創造感動給學弟妹，但那就像是煙火一樣，絢爛奪目後轉眼即逝，我們更應該，且更有機會透過體驗式學習，讓學習者播下種子，有機會開花結果，這樣的收穫才會長久且真正難忘。也讓我開始思考，未來步入職場，我更期待投入體驗教育領域，而非傳播領域。

 ## 體驗為本　反思為王

把握當兵服役前的最後一年，我常回到聚心活動團隊，分享體驗式學習的理論、活動體驗等，許家豪執行長給我回饋：他很支持體驗式學習導入團隊，但多數的學弟妹，覺得先把基礎的團康技巧、活動帶領學好，該時空背景下，有很多的培訓和會議要進行，加上大家來自不同校系，很難得能聚在一起，更不用說自費報名參加亞洲體驗教育學會的培訓。謝謝許家豪的支持，讓我在各種會議或培訓的課程中，以體驗式的方式來進行，讓學弟妹習慣我的帶領風格，更強化反思之重要性，在潛移默化中有，更多新進的學弟妹，能看見體驗學習的亮點和收穫。

後進的執行長張家珩、陳益泉、范森貴、諶劭宇、王若庭等人，更進一步的鼓勵大家去參加引導員培訓課程，聚心活動團隊的轉型，直到 2012 年初我退伍後，投入派樂活動諮詢有限公司工作，有了更進一步的深

化。南山中學的綜合活動課程,有派樂活動公司的技術支持、聚心活動團隊的校友執行,有更多的內、外部培訓和資源整合,此後聚心活動團隊的夥伴,對於體驗式學習,有了深刻體驗和瞭解,才能轉化應用,以引領學弟妹,推動南山高中綜合活動課程之進行。

 ## 深化培訓　與時俱進

聚心活動團隊,因著 2010 年首度執行九年級直升班「鐵人挑戰營」,改變招新策略。來自各大學校系的畢業校友為核心幹部,有另一個重要工作是招募、培訓高三已申請上大學的學弟妹,首創由十二年級學長姊,擔任九年級直升班課程的隊輔,完成所有挑戰活動。鐵人營的帶隊表現,是這群高三學弟妹的終極考驗,等同是拿到高中畢業後,加入聚心的入場券,是一系列的養成計畫。我更是佩服鄺老師,這麼大膽啟用高三生擔任隊輔,執行活動課程。是對我們畢業校友的信任和肯定,我們有責任和義務,培養更多後進南山學子,同時也再度彰顯聚心活動團隊的價值。後續每年穩定新血約 40 位,范森貴執行長首創四大家族,小團隊的經營模式,有直屬學長姊引領學弟妹成長。時至 2021 年初,在近兩任執行長李承軒、吳浩瑋的用心經營下,團隊人數維持在 70 人左右(大一至大四在讀校友),寫下團隊巔峰紀錄。

　　酈家班的孩子們，散落在不同領域，對社會有不同的貢獻。都在在驗證，社會適應力、軟實力的培養，絕對是透過身體力行的實踐和積累，才能夠真的學會，而且學有所用。再追本溯源，我們在高中階段社團經營、社聯會幹部的軟實力培養，都幫助我們在大學、社會上，有更多的機會貢獻己力，且能更進階的成長。最後我們將之所學，以服務學習的方式，回饋到自己的學弟妹，反哺服務的歷程中，學長姊、學弟妹們是雙軌成長，這是屬於我們攀越體驗式學習的高峰經驗。

　　聚是一團火，散是滿天心！

# CH1-2

# 聚心誕生日

　　號召校友一起「搞」服務性社團，一開始憑藉著，我們在高中社團時所建立的深厚友誼，讓我們延續高中時代的緣份，繼續一起共事，並能回饋母校的心情。2004 年首次由校友策畫執行的社團領知營落幕，我們從學弟妹的收穫和反饋中，知道我們把事情「搞」大了！我們在營隊的官方網站上，看到來自學弟妹熱情的留言回饋，希望學長姊常回到學校，看看他們的社團經營、社團成果發表等。我們就此知道，我們的一言一行，將會是學弟妹追求的榜樣。我們既擁有榮光，更有使命和影響力，能不能將此計畫長久推動，成為當初創團夥伴思考的重點。八月底，我們經過多次討論，以心傳服務聯盟為名，希望每年持續籌辦社團領知營，並陸續邀請歷屆南山高中畢業生加入團隊，以服務後進的學弟妹。

　　2004 至 2007 年在開創階段，為了讓團隊成員有更多學習和成長機會，我當時以為團隊創造活動機會為優先任務，以戰代訓的方式拓展活動視野，累積經驗值。因此，我帶著團隊成員參加不同的活動：公關行銷活動工讀生、學生畢業旅行領隊、企業團建康輔人員等，企圖豐厚活動經驗資本，再將所學注入、應用到每年的社團領知營。隨著活動滿意度、執行熟悉度增加，團隊承接的活動應接不暇，有夥伴以活動承接為重，荒廢了大學學業，在 2007 年 7 月的例會上，夥伴們提出，我們是不是忘「本」了？我們當初加入這

個社團是為了什麼？什麼才是我們的初衷和要做的事情？如果大家不再認同初衷，該團隊就停止運作，把暑假的社團領知營，作為告別謝幕之作。

我和所有夥伴，都在練習和面對團隊的衝突，更要學習告別。因為想著是最後一次的活動，大家更是用心積極、精銳盡出，一方面是該活動經過三年的試煉，在既有的基礎上精進微調，加上團隊夥伴的默契、補位，終讓營隊在學弟妹的歡呼與尖叫聲中，完美落幕。活動結束後回到學校，一如以往地召開檢討會議，最後一個議題是，我們是否重整再出發？團隊共識是莫忘初衷、再創巔峰，希望認同以服務回饋母校為目標的夥伴，繼續同行奮鬥。這一天是 2007 年 8 月 26 日。在我看來，這是聚心的誕生日、重生之日。

隔週，召開社員大會，我發表爭取擔任執行長的願景、目標，提出三個心態：愛心、關心、開心，以及感恩、服務、學習、正向等四個宗旨，鼓勵大家創造和實踐，以活動的形式，服務、回饋南山母校，更要拓展活動領域的學習，自我提升和成長。一路走來，歷屆的學弟妹們堅守信念，在這個平台被看見、信任和尊重，更多的自我實現，讓個人成長，更讓反哺服務的文化被傳承。

# CH1-3

## 聚心玩家導師

鄺若銘老師，是聚心活動團隊的催生者、引導者、首席導師。我讀高一的時候，鄺老師剛入職南山，擔任社團活動組長，負責學生社團課程的規劃與多元展能活動創建。我高一加入新聞傳播社，跟著學長姊一起採訪編寫校園報紙，學校聖誕演唱會、HBL 高中籃球聯賽等經典活動，都讓我這位小小校園記者，有更多的機會親臨現場，實戰採訪新聞人物，培養我對傳播領域有濃厚興趣的重要養分。

高一小記者，能到高中籃球聯賽八強複賽現場拍照、採訪，是非常寶貴的經歷，隔天一早我就將寫好的稿子列印給鄺老師審閱，就這麼開始了我們的師生緣份，高二擔任新聞社長之外，更加入首屆社團聯席會文書組長一職，有更多社團實務、經營管理的經驗。鄺老師擅長發現學生的亮點，為學生創造學習的機會和舞台。聚心夥伴在高中時期，多是各社團領導者，在高中階段有鄺老師引導成長，在大學階段，有歷屆學長姊的傳承和引領，讓聚心人慢慢長大成巨人。

鄺老師大學在讀世新公廣系期間，寒暑假都在服務青少年的營隊中渡過，更是世新童軍團的核心人物，熱衷童軍運動、戶外活動，這些都成為日後投身教育工作，非常重要的積累。愛玩、會玩，才能帶著孩子們玩！這是我在鄺老師身上的看見，更提醒我要「以身愛玩」，身體力行體驗式學習的精神，將其設計融入在活動課程之中。

　　我到現在還記得，2007 年聚心活動團隊重整旗鼓出發後，鄺老師提點我幾個問題：你到三、四十歲，還在學員面前，唱唱跳跳帶活動？如果不是，應該要有更多的學習，去瞭解九年級直升班的高空繩索項目的課程脈絡、瞭解什麼是體驗式學習、什麼是反思引導？鄺老師覺得，我的個人特質，很適合擔任引導員的工作。這才點醒我，要有更多的學習和提升，讓活動不只是活動！讓自己歸零重新開始，才能在活動領域中開拓視野、再創新局。

　　鄺老師負責規劃主持，九年級直升高中部的綜合活動課程專案計畫，有系統脈絡的整合學校各單位資源，讓該課程成為學校特色，獲得家長、學生認可，更榮獲 2011 年臺灣教學卓越金質獎。直升班學年綜合活動課程，同時也是聚心活動團隊重要的學習平台，讓校友群有更多服務和貢獻的機會。近年來，鄺老師仍在不斷學習，讀完臺灣藝術大學書畫藝術學系造型藝術碩士後，正在攻讀臺北市立大學中國語文學系博士，同時仍持續在南山中學，深耕與創新活動課程，讓更多學生發現自己的天賦和興趣。

## 聚心導師小檔案

鄺若銘

> 南山中學 學生事務處 社團活動組長
> 視覺藝術領域專任教師
> 綜合活動領域召集人
> 臺北市立大學中國語文學系博士候選人

學歷：

> 臺灣藝術大學 書畫藝術學系 造形藝術碩士
> 世新大學 公共傳播學系 公共關係組學士

重要獲獎：

> 2011 年教育部教學卓越金質獎
> 2015 年教育部獎勵推行童軍教育績優個人獎

# CH1-4

## 聚心頭號玩家

從高中到大學，我熱衷參加社團活動。親身實證個人的社會適應力，能在學生時代，有社團活動的真實經驗，讓我有更多的機會去反思和再調整，能力的培養，是親身經驗的積累，絕非一蹴可幾。有幸在大學時代，能擔任聚心的創始人、執行長，學習經營社團運作與發展，是很特別的經驗和緣份。

讀研究所期間，開始踏入體驗教育圈，從擔任資深企業培訓顧問賴恆毅教練的課程助理開始，到參加亞洲體驗教育學會系列引導員認證課，我開始探究和執行體驗式課程。同時將所學回饋到聚心內部的培訓、會議中，激發學弟妹從不同角度看待活動課程。退伍後我到任派樂活動諮詢有限公司，為學校提供體驗式課程方案，提高學習興趣和效益。

2012 年暑假，有幸承辦臺北康橋學校新生訓練，以 GPS 尋寶活動，為七年級和十年級新生，創造亦競亦合的課程架構，鍛造學生的策略思考、資源整合力，在活動後反思引導時學生能反饋學習收穫，讓在場李慶耀副校長、廖志強主任感到驚喜，遂邀請我報名參加該年度童軍教師的甄選、試教、面試。我在面試時除了童軍課程的試教外，更多的分享了聚心活動團隊的服務經驗、體驗教育的理念和實務經歷。更希望能在教學現場，長期深耕，陪伴和見證孩子成長的軌跡。

　　2013 年，我和時任康橋訓育組長呂岡侃老師，共創真人版熱血三國隔宿露營，顛覆臺灣傳統隔宿露營教學模組，獲得臺灣 GreaTeach KDP 創意教學特優獎。將手機遊戲的虛擬轉化為真實情境，學生化身三國武將對戰、積累兵力點數，最後在學科攻城略地中，體驗及涵養策略規劃、資源整合能力，爭取天下霸業。高度激發學習動機，是活動與學科完美結合的經典創新案例。2018 年起，我更大膽提出邀請十一年級學長姊，擔任教官隊輔的角色，帶領八年級學弟妹完成三國課程。完全零委外的三國課程，體現的是學長姊的服務力，驗證的是學生所習得的帶得走的能力。

　　因為自身擁有聚心活動團隊的經驗，所以深知學長姊只要願意承擔責任，能更好地引領學弟妹成長，大手牽小手的文化，就在校園中建立和傳承。這是我認為最棒的體驗學習。希望有更多的學校，能創造學長姊或畢業校友，有更多回饋的機會和平台，學生們，往往會給我們更多的驚喜！

## 聚心創始人小檔案

李冠皇

> 昆山康橋學校 德育處主任
> 昆山康橋學校 活動組長、學務處副主任
> 臺北康橋國際學校 訓育副組長、童軍團長、童軍教師

學歷：

> 佛光大學 傳播學碩士
> 輔仁大學 大眾傳播學系學士

證照：

> 亞洲體驗教育學會（AAEE）正引導員認證
> 童軍木章持有人 Wood Badge Holder
> 美國 Projec Adventure Inc. Adventure Based Counseling 證書

# CH1-5

## 玩出服務力

## 🚀 體驗式學習在聚心

　　帶領聚心活動團隊，從團康活動走向體驗式學習的歷程，著實不易。引導年輕世代的大學生，從關注活動現場參與者，開心、滿意度，到專注收斂活動收穫，促進學習者帶走新的思考和行動，我們走了十多年，仍是每年對新進夥伴，最首要的入門課題。我們強調南山中學的綜合活動課程，皆奠基在體驗教育的基礎之上。體驗學習，是學習者有一具體的經驗，透過反思去觀察、體會歷程，連結自己的價值觀、信念，在反思中悟出新的收穫、觀念，再應用新觀念於新的具體經驗、生活中。

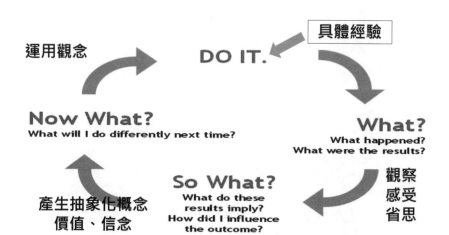

KOLB D A (1984) Experiential Learning: experience as the source of learning and development New Jersey: Prentice-Hall

那麼身為反哺的學長姊，是不是更應該擁有體驗教育的涵養，來引領學弟妹成長？經驗學習的概念，承接自杜威的理念。我常和學弟妹分享反思的意義：我們不只是在經驗中學習，而是在經驗的反思中學習。反思是促進學習者，將經驗轉化為新的認知、技能與情意、態度，或是新的價值觀、信念產生的關鍵。

 ## 服務學習是什麼？

服務學習（SERVICE-LEARNING）隸屬於體驗式學習的範疇。Jacoby（1996）認為，服務學習是經驗教育的一種，學生實際投入社區服務活動，是有脈絡計劃和親身實踐的學習歷程，促進學生的學習與成長，反思（Reflection）與互惠（Reciprocity）是服務學習的兩個核心概念。

學長姊擔任隊輔，從受訓、籌備到執行課程，各階段的學習透過作業繳交、報告分享、小組反思等多元型式，驗收學習收穫。近二十年來，每次活動課程結束後，來自學長姊、學弟妹的正面回饋，都讓我們看見彼此在服務學習中，異齡學習的正面效益、榜樣學習的典範，在南山校園的教育現場，看見生命影響生命的故事。

學長姊在服務學習中，我看見青少年「瞬間」長大成人的生命樣貌。從服裝儀表、表達溝通、行為舉

止，都是以一個服務者、領導者的姿態，來引領學弟妹進行課程，學長姊們將先前的培訓所學，在活動課程中盡力轉化與展現，驗證學習效益。我特別喜歡下列關於青少年在服務學習中的轉變比較表，我另加一欄，以此來看聚心活動團隊的成長，是很棒的學習歷程。

| 傳統觀點的青少年 | 服務學習中的青少年 | 聚心活動的學長姊 |
|---|---|---|
| 資源使用者 | 資源提供者 | 活動課程引領者 |
| 被動觀察者 | 主動學習者 | 學習後轉化為教學者 |
| 服務消費者 | 服務生產者 | 服務生產者 |
| 需要被說明的人 | 幫助他人的人 | 幫助學弟妹的人 |
| 接受者 | 提供者 | 接受者／提供者／引導者 |
| 感覺是無助的 | 社會轉變中的領導者 | 成為榜樣的領導者 |

資料來源：Fertman, White & White, 1996：4。
原始表格未含第三欄，第三欄由李冠皇自行增加與比較。

　　聚心活動團隊，讓學長姊成為服務者，長時間投入和主動參與各項內容的開創和實踐，更是回饋到自己學校的學弟妹，有在地連結與文化創建的特色。學務處聯動各單位，投入大量師資力量、教學資源，來促成服務者有更完整的學習歷程和階段成果。我更相信，在服務學習中成長的青少年，將會有深刻的收穫，

這些豐厚的生命經驗，將有機會轉化回饋到社會，造
福更多人。

參考文獻：

Fertman, C. I., White, G.. P., & White, L. J. （1996）.Service learning in the middle school: Building a culture of service. Columbus, OH: National Middle School Association.

Jacoby, B. （1996）.Service-Learning in Higher Education: Concepts and Practices. Jossey-Bass Publishers, San Francisco.

Kolb, D. A. （1984）. Experiential learning: Experience as the source of learning and development.Englewood Cliffs, NJ: Prentice Hall.

# CH1-6

# 玩出引導力

我個人的體驗教育引導員專業，是在亞洲體驗教育學會引導員認證課程中養成，有幸在三階段課程師承洪中夫老師、謝智謀老師，無論是理論梳理或是活化實踐，帶給我新的啟發和學習，能活用在教育現場。2019 年起，我將亞洲體驗教育學會助理引導員認證課，引進自己服務的學校，向更多老師推廣體驗教育和引導技術。

對於「小聚人」的養成，首重體驗式學習概念養成，進階到活動引導技術於體驗活動之後，帶領學習者聚焦學習經驗、對話分享。除了鼓勵大學生自己報名參加，亞洲體驗教育學會引導員認證公開班，另外就是內部的訓練課程，仍強調以體驗式學習為主，當我們自己先體驗、模擬，才能對我們服務的對象感同身受。聚心內訓的重點，有下列三大特色。

##  引導提問演練多於活動體驗

讓學習者瞭解體驗教育發展脈絡、基礎理論、活動類型、活動帶領、提問演練等。我通常會刻意調整，讓引導提問演練的比例高於活動體驗，讓參加課程的夥伴，能夠熟悉掌握，問句的設計，成為每次課程的重心。聚心夥伴每次都會分享，為什麼我設計預想的問題，和實際大家回饋的都不一樣？這樣的實戰，讓初階引導員能夠對問句設計，有更多的討論，能更全

觀的因應未來活動現場所需。

 **以學員為本共創學習歷程**

初階夥伴最先熟悉的引導技術為「動態回顧循環」Active Reviewing Cycle，由英國引導師 Roger Greenaway 所提出，四個「F」的提問重點：Facts（事實）、Feeling（感受）、Finding（發現）、Future（未來）。並對應四個撲克牌花色，以幫助記憶和應用。培訓中，我邀請學員從小組一起討論活動帶領、問句設計，到個人透過不同媒介：影片、活動、文章、營隊情境模擬等，設計對應的問句，透過現場學員的角色扮演、真實回饋，幫助大家思考，如何設計出更有效的問句，以及在引導歷程中，發生的突發情況，如何回應和調整。當學員們掌握了 4F 提問技巧後，專注投入引導討論，每個階段複盤時，都能夠拆解、回應和補充，這就是最好的學習歷程。

 **回應學員提問整理過往經驗**

每一個課程階段，在學員們共同討論發表後，我需回應授課內容，進行總結或再提問。最有挑戰的是，夥伴們對我的各種提問。例如：學弟妹無法專注參與討論，可以怎麼辦？討論過程中，學弟妹意見相左、發生口角或肢體衝突，可以怎麼處理？為什麼我們預

先設定的問句，在活動現場卻讓學員無感？

動態反思，可以幫助學生在活動當下就在反思，可以借用動態反思工具、活動，幫助學生融入反思段落；學生發生衝突，除了不同輔導員介入外，可以藉由FVC（正向行為原則）一來進行反思提問；活動設計，則建議從具體行為展現來思考，接續影響規則設計、說明以及反思問句，是相互聯動的整體設計。在回應的過程中，我都在整理過去的經驗，相當具有挑戰，卻也是最棒的自我反思。也促進我整理過去在教學現場的案例，以作為培訓課程的內容之一。

亞洲體驗教育學會（AAEE）建立的專業引導員認證制度，備受各界肯定。培訓之餘，我更鼓勵聚心夥伴，參加學會的公開認證班，有系統的學習之外，還能認識相關領域中的佼佼者。我和多位拿到證照的學長姊，能作為輔導團，讓學弟妹瞭解助理引導員、副引導員、正引導員三個階段的晉程，關於實習帶領時數的認定、如何撰寫申請資料、反思紀錄表等，讓學弟妹有更清楚的目標，在引導員認證的路途上，有更清楚的軌跡可循，祝福每一位小聚人，都能成為有溫度又專業的引導員。

# CH1-7

# 玩出社會適應力

　　社團和學業如何平衡？是每一位熱衷社團的學生，所要面對的必修課。家長們出自於關愛，總希望孩子的每個學習階段，成績都要跟上、不能落後太多，叮囑孩子要多花時間在課業上，考慮未來申請大學、工作就業等問題。這是多數「玩」社團的孩子們，共同的成長經驗。會讀書又會玩，總是少數頂尖的學生，關鍵是如何規劃自己的時間應用，同時在不同領域、項目中保持平衡，自控力、意志力的鍛鍊，也是玩社團的收穫之一。

　　隨著時光遷移，在混亂不確定的時代中，學歷不見得能保證找到好工作，或是自己合適、喜歡的工作。更多的是擁有哪些社會適應能力，讓工作項目順利推進，而被看見和肯定，讓仕途更加順遂。社團活動不是只有玩樂，在組織經營社團的過程中，就是能力的實戰培養，更是個人真實的體驗學習。這麼說不代表學歷不重要，大學校系的專業養成，是步入職場領域的基本門檻，社會適應力的展現，則是為工作成果錦上添花。

　　聚心活動團隊的夥伴，在各大小營隊中，訓練活動企劃、執行、美工製作、舞蹈表演、晚會設計、活動主持帶領、反思引導討論、儀典頒獎、網路社群經營、行銷宣傳等，把每一次的活動經驗認真的準備、執行到複盤，每一位聚人在大學階段，皆有相當的鍛鍊，以此涵養組織規劃力、溝通協調力、危機處理能

力、反思引導力等，更像是為將步入社會的聚人們，開辦的先修養成班。

已經步入職場的聚心學長姊們，在社會各領域貢獻專業，憑藉過去的能力養成，在不同時機、場合，都能活潑應變、創新思考，順利完成工作目標。這是積年累月、多元面向的養成，除了聚心活動的養分，還有求學階段來自老師的教導、課程、活動歷練，家庭教育的生命經驗所組成，我們珍惜母校給予的平台，在這裡深耕練功，更有底氣的勇闖社會。本書第三章，將有更多聚心學長姊現身說法，談談他們對聚心的看法、收穫和對學弟妹的期許。

# CH1-8

# 聚心經典好玩案例

## 台北捷運城市追蹤

　　童軍運動中經典的追蹤旅行，融入科技載具 GPS 衛星定位儀，符應當代生活實況，更豐富活動設計，讓每一個小隊依循密碼冊及總部指示，在大台北地鐵穿梭，找尋題目的解答，透過小組成員各自擔當不同角色，共同完成任務，這是南山中學綜合活動課程中，獨有的學習風景。關於方位判定、地圖辨別、GPS 衛星定位儀操作等先備課程，都在此活動前的童軍課程中落實和考核。聚心活動團隊的夥伴，在活動課程中，擔任活動任務說明、題庫設計者、總部成員追蹤小組進度、課程總結之反思引導員等。

 ## 草山探險隊

　　每年十二月下旬，冷氣團來襲或陰雨綿綿，已成為兩天一夜草山探險隊的基本標配。這次將 GPS 尋寶戰場拉到台北陽明山擎天崗和冷水坑步道，讓學生在自然情景中挑戰自我，艱鉅的任務包括：天氣適應、搜索難度、團隊策略、目標等。第二天則轉戰高空繩索場，進行高空項目體驗，仍是以自我挑戰為課程核心，在兩天的課程中，不斷創造面對自我的契機。聚心活動團隊的夥伴，在本課程中擔任實體寶物藏匿、活動任務說明、總部追蹤小組進度、課程總結之反思引導員等。

## 鐵人挑戰營

　　三天兩夜的鐵人挑戰營，是九年級直升班年度終極考驗，挑戰、榮譽、堅毅三大核心精神貫穿課程內容，包括：自力造筏競賽、自行車 GPS 越野競賽20km、獨木舟賽 7.6km、草嶺古道越嶺 11km，在緊湊的課程中，激發個人特質、創造力及潛能、挑戰體能的極限，建立榮譽感，發揮小組合作的戰鬥力，勇於挑戰任務、冒險，不服輸，挫折容忍力及堅毅精神，培養領袖特質與知能。聚心活動團隊的夥伴，擔任承辦的活動單位，負責活動控場與帶領、生活輔導、後勤補給、引導反思等，在活動中引領學弟妹完成挑戰。因為活動項目多元，執行團隊在課前，需要針對性的培訓、會議，確保課程能順利推動。

 ## 社團領導知能研習營

　　每年暑假，各社團遴派優秀高一升高二新任幹部，參加為期兩天一夜的社團領導知能研習營。課程內容有：口語演說及表達能力、活動企劃、人際溝通與情緒管理、時間管理與行動力、社團實務及組織管理、活動帶領與團康技巧等，早年這些主題課程，聘請外部專業講師蒞臨現場開講，現在已能由聚心資深學長姊親自主講，更具親和和說服力。營隊的企劃、組織和執行，皆由聚心活動團隊承辦，大學校友群過去在高中時期，皆是各社團的菁英幹部，再回歸到領知營，大手牽小手，引領學弟妹學習和成長，別具意義。

# CH1-9

# 聚心玩遊記

聚心活動團隊，二十年如一日，繼續為南山學弟妹服務，除了有賴學校學務處歷任主管、鄺老師的支持引領外，更是歷屆執行長、幹部團隊共同努力，承上啟下將團隊文化和精神，持續薪火相傳。我將回顧這近二十年的歲月，聚人們走過的低谷、高峰，值得欣慰的是，我們仍持續走在反哺服務的路上。

 ## 2004-2007 初生之犢 多元開展

草創初期，每年只有社團領導知能研習營，能夠返回母校實戰！為了快速積累團隊成員的活動企劃與帶領能力，團隊共識是以多元開展的方式，接觸、支援不同的活動類型，以戰養戰的方式，讓團隊知名度、活動能力同步提升。中、小學畢業旅行領隊、公關行銷活動工讀生、企業團建活動等，在不同活動場合中，看見活動設計的巧妙之處、成功的關鍵和危機處理的應對等，都是當階段團隊最好的學習收穫。

 ## 2007-2012 不忘初心 重整出發

2007 年團隊內部有所分歧，創團夥伴皆面臨大學即將畢業，正處於職涯規劃之際，有夥伴提出團隊走向職業化的角度，讓團隊夥伴更加專業、團隊更具規模和組織。但同時也有夥伴提出，我們當初創團的初心是什麼？以反哺服務母校為本的服務隊。就此再次

正名和凝聚共識,並由心傳服務聯盟更名為聚心活動團隊。重新出發的聚心,也因著南山綜合活動課程的創新發展,有更多服務學弟妹的機會,讓更多校友在此平台深耕和成長。

## 2012-2017 體驗學習 發光發熱

我積極將體驗式學習的理念,引進聚心活動團隊,在內部會議與培訓中,透過活動體驗、案例分享,讓大家歸零、重新學習,有賴接棒的執行長們,擁有更開闊的心胸,促成大家從瞭解到探究,轉化應用到活動課程中,當我們都認同活動不再只是活動,需要透過系統的引導提問,聚焦收斂學習所得,學習者才會真正帶走收穫。接續有更多學弟妹,陸續獲取亞洲體驗教育學會助理引導員、副引導員證照,持續走在體驗教育的路上。

## 2017-2022 傳承文化 穩定發展

聚心活動團隊成員日益壯大,經會員大會決議創立勇氣、遠見、忠義、誠心四大家族,以家族團隊經營,培訓更多領導幹部,經營家族夥伴的情感聯繫、內部培訓、活動籌備等。家族間彼此競爭又合作,兄弟各自「成家立業」,卻永遠不忘聚心大家庭,在大型專案籌辦中,仍是傾囊相授、全力支援。另將服務學習

的力量擴大到不同學校，聚心足跡到過花蓮縣萬榮國
小、港口國小、靜浦國小，南投縣久美國小；新北市
猴硐國小、瑞亭國小、鼻頭國小、九份國小、福連國小、
澳底國小等。在寒暑假以活動營隊籌辦的形式，帶領
小朋友學習和成長。

# CH1-10

# 聚心組織章程

## 聚心活動團隊組織章程

2020 年 4 月 11 日 團員大會修訂通過

## 第一章　總則

第一條　本團定名為「聚心活動團隊」（以下簡稱本團）

第二條　本團宗旨為透過活動企劃與執行帶領的服務過程中，培養個人職涯競爭力。

第三條　本團網頁為 www.facebook.com/ttat2004

## 第二章　團員資格

第四條　凡擔任本團承辦活動之實習隊輔後，始有資格辦理入團手續，經核可後方能成為本團隊成員，需為大學以上在學學生，大學畢業後可轉任顧問。

第五條　半年內需參與團內各式活動至少一次以上，否則取消團員資格。

## 第三章　團員之權利與義務

第六條　凡本團隊成員於第二次團員大會後始享有下
　　　　列權利：
　　　　（一）行使選舉權及被選舉權。
　　　　（二）優先參加本團隊各項活動。
　　　　（三）其他應享之權利。
　　　　　　　　表決權
　　　　　　　　罷免權
　　　　　　　　提案權
　　　　　　　　向團隊申請購買器材設備之權利

第七條　凡本團隊成員均應盡下列義務：
　　　　（一）參加本團活動。
　　　　（二）宣揚本團活動。
　　　　（三）維護本團財產。
　　　　（四）遵行團內決議。
　　　　（五）如期繳交團費。
　　　　（六）入團成員不得更改綽號。

## 第四章　團隊組織架構

| 團員大會 | | | |
|---|---|---|---|
| 副執行長、特設幹部 | 執行長 | 秘書處 | |
| 勇氣家族 | 遠見家族 | 忠義家族 | 誠心家族 |

# 第五章　團員大會

第八條　團員大會由全體團員組成，為本團事務最高
　　　　權力機構。

第九條　團員大會之權限如下：
　　　　（一）選舉、罷免執行長。
　　　　（二）修改本團組織章程。
　　　　（三）議決重要事項。
　　　　（四）表決解散團隊

第十條　團員大會執行方法：
　　　　（一）團員大會每學期至少召開一次，由執
　　　　　　　行長召開，必要時得由團員總人數五
　　　　　　　分之二以上連署請求，召開團員大會
　　　　　　　臨時會議。
　　　　（二）團員大會應有全體團員三分之二以上
　　　　　　　出席；一般提案決議方式以出席人數
　　　　　　　之絕對多數決定；重大提案以出席人
　　　　　　　數之四分之三同意通過。
　　　　（三）修改章程需經團員大會三分之二以上
　　　　　　　出席，當同意票數大於不同意票且大
　　　　　　　於出席任數三分之一時，即為通過。
　　　　（四）修改團隊方向需經團員大會三分之二
　　　　　　　以上出席，出席人數四分之三以上同
　　　　　　　意即為通過。

（五）執行長之選舉需經團員大會出席者中，
依相對多數同意選出；惟參選人只有
一人時，則需經出席者中二分之一以
上同意始當選。

（六）執行長之罷免需經團員大會三分之二
以上出席。出席者中四分之三以上同
意通過。

（七）團隊之解散需經團員大會四分之三以
上出席，出席者中四分之三以上同意
通過。

## 第六章　團員積分制度

|  | 執秘 | 幹部 | 隊輔 | 備註 |
|---|---|---|---|---|
| 派樂活動 | 2 | | 1 | 半天 – 一天 |
| | 3 | | 2 | 兩天 – 三天 |
| 家族活動 | 3 | 2 | 1 | 一天性質活動 |
| 扛霸子課程 | 6 | 5 | 3 | 知識性課程活動 |
| 草山探險隊 | 5 | 3 | 2 | 兩天性質小活動 |
| 社團活動 | 5 | 3 | | |
| 鐵人挑戰營 | 8 | 6 | 3 | |
| 南山偏鄉服務 | 6 | 5 | 3 | 服務性質活動 |
| 聚心偏鄉服務 | 10 | 7 | 5 | 服務性質活動 |
| 社團領導知能研習營 | 8 | 6 | 3 | 兩天性質大活動 |
| 內部培訓授課 | 2 | | | 非籌備人員協助 |

# 第七章　秘書處之資格與權限

第十一條　其成員為曾任領導幹部之團員。

第十二條　每兩年需改選並推舉一位主席、一位文書、
　　　　　一位財務。

第十三條　秘書處之權限如下：
　　　　　（一）團員對於領導幹部群之決議有異議
　　　　　　　　時，由十人以上連署上訴至秘書
　　　　　　　　處，再由秘書處與領導幹部重新決
　　　　　　　　議。
　　　　　（二）執行長缺位時，由秘書處指任並協
　　　　　　　　助其他領導幹部代行執行長職權，
　　　　　　　　並於兩個月內補選。
　　　　　（三）欲修改章程時需上繳至秘書處，由
　　　　　　　　秘書處代表討論後於七日內交付秘
　　　　　　　　書處供所有秘書處成員參閱，並於
　　　　　　　　下一次團員大會進行表決。
　　　　　（四）秘書處之任期為兩年一任。
　　　　　（五）財務長需審核該年度本團花費狀
　　　　　　　　況。

第十四條　若欲召開會議，會議成員需包含至少四位
　　　　　領導幹部及秘書處成員。

## 第八章　正副執行長與正副家族長之產生與職權

第十五條　正副執行長與四位家族長，為領導幹部；
四位副家族長及執行長特設之幹部，為行政幹部。

第十六條　執行長提名資格為入團兩年以上之團員且團員積分達 25 分以上者。

第十七條　執行長候選人除具被提名資格之領導幹部外，其餘符合資格團員得申請參選。

第十八條　執行長投票方式依章程第五章第十條第五點規定之。

第十九條　執行長職權如下：
（一）　執行長任期一年，得連選連任。
（二）　執行長對外代表本團，對內綜理團內事務。
（三）　執行長有權組織、任命領導幹部群及行政幹部群。
（四）　領導幹部代行執行長職權不得逾二個月。
（五）　執行長有權特設除副家族長以外之行政幹部，協助執行長處理團內事務，任期為一年，且不得超過兩名。

第二十條　副執行長由執行長指派，任期一年，協助
　　　　　處理本團各項事務，並擔任財務長。

第二十一條　本團隊設下列四大家族：勇氣家族、遠
　　　　　　見家族、忠義家族、誠心家族。每家族
　　　　　　設置家族長一人，為領導幹部群；副家
　　　　　　族長一名，為行政幹部群。
　　　　　　皆由執行長指派，任期為一年。
　　　　　（一）　勇氣家族：擁有勇氣去面對未來
　　　　　　　　　每一個活動的挑戰及挫折。
　　　　　（二）　遠見家族：不要侷限於現在及過
　　　　　　　　　去，而是要看得更遠想得更遠。
　　　　　（三）　忠義家族：忠誠有義，不忘本。
　　　　　（四）　誠心家族：希望每個人對於夥伴，
　　　　　　　　　都是誠心誠意的付出，不去計較。

第二十二條　正副家族長職權如下：
　　　　　（一）　配合執行長召開幹部會議，處理
　　　　　　　　　本團事務。
　　　　　（二）統理各家族內部事務，協助執行
　　　　　　　　　長團隊之運作。
　　　　　（三）不配合參與會議且屢勸不聽者，
　　　　　　　　　執行長有權解除其職務。

第二十三條　每年九月十五日前，依章程規定改選執
行長，並籌組新任領導幹部、行政幹部。
並於九月三十日前將財務、團務移交完
畢。

## 第九章　團隊規範

第二十四條　本團隊成員需恪遵團隊規範，若有違團
規者，經幹部群決議後，依情節嚴重予
以不同程度懲處，並公告於內網使團員
諸知。

第二十五條　團員懲處類別與說明：
（一）扣薪：活動籌備期間，未盡其職務
者，扣除 該團員薪資。扣薪之標
準及決議需由該活動執秘呈報執行
長，始得執行。
（二）停止活動：禁止該員參加團隊內外
部相關活動，並設置處分期限。
（三）停權：停止該團員之權益，待觀察
期結束後，再議復權與否。
（四）幹部解任：幹部未盡其職務者，由
執行長解除其幹部職務。
（五）警告：以示警惕作用以及給予機會。
兩次警告視同退團。
（六）退團：嚴重影響團隊紀律及榮譽者，
或經法律確認有犯罪行為者，經領

導幹部群決議後，予以退團處份。

第二十六條　團隊規範處罰實例：

（一）活動籌備期間，未盡自身職務責任
　　　者，予以扣薪處分。

（二）召開團員大會時，若未事先向領導
　　　幹部請假報備者，予以警告乙次；
　　　幹部則予以警告乙次及解任，並不
　　　得再擔任幹部。

（三）因私人情感、情緒嚴重影響團隊公
　　　務執行者，予以警告乙次；幹部予
　　　以告乙次並解任。

（四）私下以本團名義出團，未向執行長
　　　報備者，予以警告乙次；幹部予以
　　　警告乙次並解任。

（五）活動結束後，私下與學員以任何方
　　　式聯繫，予以警告乙次；幹部予以
　　　警告乙次並解任。

（六）因故放團者，予以警告乙次，並停
　　　止活動；無故、未報備放團者，予
　　　以退團處分。若因不可抗力之
　　　因素放團，不在此限。

（七）活動籌備與執行期間，與帶領輔導
　　　之實習隊輔有交往戀愛之情事，予
　　　以退團處分。

（八）活動結束後，與未入團之實習隊
　　　輔有超乎夥伴情誼之情事，予以

警告乙次。

（九）與曾帶領之學員且仍在學者交往
　　　戀愛，予以退團處分。

## 第十章　經費

第二十七條　本團經費來源如下：

（一）新進團員繳納之團費。新進團員
　　　入團費為新台幣捌百元整。

（二）原團員繳納之團費。原團員每年
　　　團費為新台幣伍佰元整。

第二十八條　本團經費交由副執行長負責，每次團員
　　　　　　大會需公布經費收支狀況。當副執行長
　　　　　　從缺時，由四大家族推派代表代行職權。

## 第十一章　附則

第二十九條　當本團解散後社團財產之處理事項，剩
　　　　　　餘財產全數捐給指定慈善機關。

# CH1-11

## 招募、培養新聚人

配合南山直升班綜合活動終極挑戰，鐵人挑戰營會招募一批已經申請上大學的高三學生，志願加入籌備團隊，在鐵人挑戰營擔任實習隊輔的工作，另大學校友群學長姊，則負責培訓和考核，高三學弟妹從籌備期到活動執行期間的表現，作為爭取畢業後正式加入聚心團隊。第二波招募時段，則是針對暑假才考取大學的高三畢業生，並以加入社團領導知能研習營的籌備、執行，作為考核項目。

畢業生為什麼會加入？因為多數的夥伴回饋：自己在校期間，參加系列的活動課程，都看到學長姊引領我們成長的身影，我們會加入聚心，就是因為被學長姊帶領時，深受感動、默默立下目標，以後也要像學長姊一樣，穿上聚心團服，陪伴學弟妹完成各項活動課程。

 ### 課程的核心童軍三制度

如果你問我，到底要怎麼培訓新聚人？我會說，以體驗為本的訓練最有效果。先讓新進夥伴體驗所有課程，設身處地從學弟妹的角度帶入，這是初為隊輔的學長姊們，從受訓轉化到帶領的旋轉門。

我們帶學生體驗始業典禮、野外技能分站、平面拓展活動、營火晚會等，這是活動形式的體驗，訓練講師要讓新夥伴知其所以然，就要理解每個活動形式

的意義和由來，當新人有：「喔！原來是這樣啊！」
之感，就能在自身轉化的過程中更進階。學校的活動
課程，多奠基於童軍運動中的三大制度：「小隊」、「榮
譽」、「徽章」，相互依託讓學生沉浸在互助正向的
氛圍中，這是訓練團隊的資深學長姊們，最需要釐清
的核心問題。

##  榜樣的力量傳承與反哺

　　大學到研究所在讀的夥伴，都持續留在聚心團隊
作為顧問、講師，手把手帶領新進夥伴籌辦活動，在
活動經驗中歷練與成長。大型活動會設置聯團長由資
深學長姊擔任，是為小隊輔們的組長，從培訓階段到
活動執行，都在展示給學弟妹看，如何擔任一位稱職
的隊輔。

　　榜樣的力量，在親身互動中被看見和烙印，這才
是最珍貴的課程精神。學長姊可能有失誤或不足的地
方，這些也能作為借鑒，讓新進的夥伴知曉，可能因
為口令下達錯誤、活動規則遺漏，就會有不同的結果
出現，接受這些不完美，助力正式活動不要犯相同的
錯誤，這是格外珍貴的學習經驗。以大帶小、反哺服
務，是學校以學生為本的文化體現，技能和精神，都
需要被傳承和續寫。

## 最棒的體驗學習是服務

學到不代表學會,那怎麼驗證學會了沒?當我學習後,我能夠轉化教會別人,是最直接的驗證。體驗學習強調我們身心親身體驗後,經過反思內化,轉化應用在新的事物或真實的生活情境中。活動人才從訓練到執行,就是最棒的體驗學習。真實的訓練課程、籌備演練,到帶領學弟妹課程實施,皆在真實的生活脈絡中不斷推進,這樣的學習歷程是真實且深刻的。

我想對學長姊來說,這是極其珍貴的學習歷程,轉化和執行時,都會遇到很多挑戰,也會得到學弟妹最直接的反饋。學長姊們,最開心的莫過於,每個營期結束後,學弟妹說:「我以後也要加入聚心!」這是榜樣的力量,學弟妹從學長姊身上,看見什麼?學到什麼?促成學弟妹能期許自己,以後也要像學長姊一樣,帶領學弟妹進行校本課程。這是學生認同學校文化的傳承,一代傳一代,創建學校反哺服務的文化。

# 聚心玩有引力：
社團經營的服務力
引導力和領袖魅力

**CH2**
第二章

聚心玩出引導力
100 個聚人養成技能

# 目錄 content

**CH2-1　10個營隊概念建構　91**

01 營隊概念　　　　　93

02 營隊類型　　　　　93

03 小隊制度　　　　　93

04 榮譽制度　　　　　94

05 徽章制度　　　　　94

06 營隊歌曲　　　　　95

07 營隊組織　　　　　95

08 輔導員職責　　　　96

09 營前籌備　　　　　97

10 營隊儀典　　　　　97


**CH2-2　10個絕對破冰遊戲　99**

11 比手劃腳　　　　　101

12 自說自畫　　　　　101

13 馬戲團　　　　　　102

14 節奏遊戲　　　　　102

15 餅乾盒　　　　　　103

16 名字心臟病　　　　103

17 入場調查　　　　　103

18 同質分類　　　　　104

19 表情包提問　　　　104

20 快捷兔　　　　　　104

## CH2-3　10 個魅力展演要訣　106

21 自我介紹　　　　　　108

22 對話空間　　　　　　108

23 營隊默契帶領　　　　109

24 團康活動帶領　　　　119

25 團隊音樂律動　　　　110

26 關注重點人物　　　　110

27 個人特質展現　　　　111

28 創造共同話題　　　　111

29 雙人共舞要默契　　　112

30 真誠照顧學員　　　　112

## CH2-4　10 個經典團康遊戲　113

31 九九乘法表　　　　　115

32 虎克船長　　　　　　115

33 進化論　　　　　　　115

34 捏麻吉　　　　　　　116

35 賣湯圓　　　　　　　116

36 打擊魔鬼　　　　　　117

37 猜領袖　　　　　　　117

38 翻牌成對　　　　　　117

39 眉目傳情　　　　　　118

40 超級比一比　　　　　118

**CH2-5　10 個闖關遊戲形式　119**

41 追蹤旅行版　　　　　121

42 明師指引版　　　　　121

43 捉對廝殺版　　　　　121

44 科技導入版　　　　　122

45 使命必達版　　　　　122

46 競爭合作版　　　　　122

47 攻城略地版　　　　　123

48 路人共演版　　　　　123

49 體能挑戰版　　　　　123

50 角色扮演版　　　　　124


**CH2-6　10 個晚會設計要訣　125**

51 晚會類型　　　　　　127

52 明確晚會目的　　　　127

53 晚會的安全規範　　　127

54 晚會氣氛營造　　　　128

55 熱力曲線　　　　　　128

56 經典架構　　　　　　129

57 開場儀式　　　　　　130

58 小隊表演　　　　　　130

59 隊輔表演　　　　　　130

60 感性時間　　　　　　131

## CH2-7　10 個促進討論工具　132

61 發言球　　　　　　　　　　134

62 轉動繩圈　　　　　　　　　134

63 反思圖卡　　　　　　　　　134

64 4F 引導　　　　　　　　　　135

65 Full Value Contract　　　　136

66 故事線　　　　　　　　　　136

67 小玩偶　　　　　　　　　　137

68 繪畫　　　　　　　　　　　137

69 身體刻度　　　　　　　　　137

70 乾杯　　　　　　　　　　　138


## CH2-8　10 個隊輔團隊默契　139

71 總教官永遠是對的　　　　　141

72 宣佈事項停止動作　　　　　141

73 精神面貌之展現　　　　　　141

74 以身作則身先士卒　　　　　142

75 創造競賽榮譽感　　　　　　142

76 行有餘力主動補位　　　　　143

77 同性輔導員優先　　　　　　143

78 大家一起登台演戲　　　　　144

79 控場的精緻與細膩　　　　　144

80 正向語言的力量　　　　　　144

## CH2-9　　10 個應變處理技巧　　146

81 溝通不動手　　　　　　148

82 選擇對的對話空間　　　148

83 先聽再說　　　　　　　148

84 吵架打鬧　　　　　　　149

85 想念爸媽　　　　　　　149

86 學員被孤立　　　　　　150

87 學員太活潑　　　　　　150

88 皮外傷處理　　　　　　150

89 內科病症處理　　　　　151

90 換人接手也許更好　　　151


## CH2-10　　10 個總結收斂工具　　152

91 影像回顧　　　　　　　154

92 戲劇回顧　　　　　　　154

93 學習成果展現　　　　　154

94 頒獎儀典　　　　　　　155

95 寫給未來的自己　　　　155

96 關鍵詞　　　　　　　　155

97 齊唱營歌　　　　　　　156

98 結束圈　　　　　　　　156

99 倒數 10　　　　　　　　156

100 祝福的結訓證書　　　　157

# 聚心玩出服務力

　　校友服務活動隊的關鍵是人才的培養，我們對於新進的校友夥伴，安排系列的培訓課程，除了外部機構的培訓課程外，本章節所分享的 100 個關於作為營隊隊輔的基本概念和技巧，是聚心活動團隊全體夥伴的基本功，無論是新進夥伴或資深幹部，在相同的概念和背景脈絡中，讓彼此對於活動帶領的認知能夠對齊並且有一致性，也是團隊默契的核心基礎。

　　青少年以活動型式力行服務學習時，如果沒有知其所以然，很可能落入窠臼而不自知。當活動有所調整、改變時，能不能在學長姊傳承的模組中，加以調整來回應新的局面，就看基本功訓練的紮實程度。團隊夥伴都應對體驗教育的理論脈絡有基本認知，輔以多元的活動領域探究，如：童軍運動、探索教育、引導技術、康輔知能等，豐厚個人在活動領域的視野和能量。

　　本章節首先釐清營隊的概念、歷史、核心精神，再針對輔導員站在第一線，和學員互動時的基本工具，如破冰遊戲、活動帶領技巧、促進討論技巧等，在體

驗式培訓中自我轉化和應用。進階談活動、晚會設計的關鍵和核心概念，以及整體營隊工作團隊的默契、應變和協作，才有機會讓新進夥伴，對於自身在營隊中服務的角色定位，有基礎的概念建構。接續靠著實戰經驗，在資深學長姊的引領下且戰且走、不斷積累和調整，找出自己的風格、定位，當一位稱職的營隊輔導員。

# CH2-1

# 10 個營隊概念建構

　　從學生時期到步入社會，我們一定會參加到不同主題、類型的營隊活動，寒暑假的戶外營隊，或是步入職場的新鮮人培訓營等。你有沒有想過，籌辦營隊是如何組織、運作？從早到晚，活動流程依序進行，看起來井然有序，其背後的工作人員如何相互協作，以呈現最好的內容給到學員？

　　第一次籌辦營隊的夥伴，首先要對營隊運作有基本概念，包括組織架構、營隊類型、活動宗旨，以及營隊運作的底層邏輯，若能靈活應用童軍運動中的三大制度，更能促進青少年適性發展，提高營隊課程效益。我最常提醒學弟妹思考的是，追求新穎有趣的活動形式、活動載具之外，更不忘回到青少年品格涵養，活動規劃的思路就會充滿正能量，真正助益到青少年茁壯成長。

## 01 營隊概念

　　營隊通常指連續多天，因著活動主題，來設計相應的活動流程、內容，站在第一線和學員互動的有營隊輔導員（活動帶領）、課程講師（授課）、生活老師（食宿）串接，完成從早到晚的各項環節。營隊基本框架有：始業式、各項課程、活動交錯安排、食宿、晚會、結業式等。工作團隊要有大後勤部隊（美宣、文書、後勤、攝影、器材等）給予各項支援，相互搭配協作，才有機會創造讓學員體驗感極高的營隊。

## 02 營隊類型

　　依宗旨分：培訓營、體驗營、挑戰營、親子營。依類別可略分為：學術營（英文培訓營、國學營、創課營）；運動營（滑雪體驗營、馬術體驗營）；研學營（研學旅行）；志工營（志願服務）。天數類別有：單日營、周末營、寒暑假長天數營隊等，輔導員要在相應的天數中，凝聚團隊、建立關係。上述三種分類，可以交相參照，對標出所主辦的營隊，所屬的宗旨、類別和天數，來部屬相關人員的培訓和會議要點，以開啟籌備工作。

## 03 小隊制度

　　童軍運動三大制度之一：小隊制度。強調人人有

事做，事事有人做。促進團隊合作、溝通協調能力等，在各項活動中，不斷強化夥伴關係，創造集體意識、榮譽感等。6-8 人為最佳單位，讓學員推選出小隊長，在隊輔充份賦權下，小隊制度的效益才會彰顯。應用到營隊活動中，多以小隊競賽、評比來做為各段課程的活動形式，在活動中，促進小隊中每位夥伴都能貢獻己力。

## 04 榮譽制度

童軍運動三大制度之一：榮譽制度。青少年自尊心、榮譽感特別強烈。如何激發學生的榮譽感，在活動規劃中，可適當融入積分制度、表揚機制等，以強化榮譽感！小隊榮譽和個人榮譽同等重要，讓學生發自內心，去為自己和團隊爭取榮譽，需要隊輔們更細膩的引導，例如輔導員向隊員提到，隔壁小隊生活競賽之所以第一名，有哪些關鍵得分是我們也能做到？或是還可以做得更好的部分？以此正向激勵團隊榮譽感。

## 05 徽章制度

童軍運動三大制度之一：徽章制度。靠徽章來彰顯表揚學員，激發青少年的進取心和成就感，譬如，學員學會的某項技能，能獲得徽章，彰顯在制服、背

包上，識別度極高，更激發學生榮譽心。又或者，生活競賽得名的小錦旗，將之高掛等，都是徽章來做為團隊榮耀表徵的相同概念。前述童軍三大制度，相輔相成、相互依託，因此活動設計能融入三大制度，可以幫助青少年健全品格、體格，帶走能力、豐厚生命。

## 06 營隊歌曲

歌曲齊唱，是凝聚向心力的工具之一。音樂和文字，在大聲唱和中，能觸動個人的情感與思維。在營隊中有營歌、小隊歌等，來回應營隊或小隊特色等。好的營歌，有兩個元素：符應主題、易學易唱。選擇的歌曲，最好能呼應營隊主題，另有些歌曲，好聽但不好唱，畢竟不是每位夥伴都是專業歌手，要力求簡單，朗朗上口。童軍運動中，有很多歌曲，鼓勵孩子在行進間、活動中、儀典中，不斷哼唱，以提振士氣。例如：榮譽在我心，用於頒獎儀典、小隊凝聚等；拜火歌，用於營火點燃；謝飯歌，用於餐前。歌曲除了唱和外，進階版是帶動唱跳，可用於早操、暖身活動等。營造孩子在歌聲中，歡快自然地和同伴、隊輔一起學習和成長。

## 07 營隊組織

領導幹部群為：營長、副營長、執行秘書，下轄

學術課程組、活動組、生活輔導組、文書宣傳組、後勤組等，依據不同營會主題，增加相應的組別，相互支持協作。營長、副營長通常邀請主辦單位高階主管來擔任，真正主導營隊籌辦者為執行秘書，綜管各組的協調和工作推進。輔導員通常隸屬生活輔導組，站在第一線和學員互動，並配合各階段課程的帶動。資深有經驗的輔導員，可以晉升到活動組來做大團隊的主帶領者，是一脈相承的進階成長。另學術課程組，主導課程設計、邀請講師等，需要有課程經驗和概念，以及細膩的溝通，以求講師的內容符合營隊需求。文書宣傳組，主要負責營會主視覺設計、各類文宣手冊、場地佈置設計等，以及活動中的紀錄、網路媒體的推文、小視頻，需要各路媒體好手加入，可以增添營隊活動的豐富度，例如線上家長的加入或互動等。後勤組主掌衣、食、住、行、場地器材等支援，是團隊幕後的大功臣，沒有大本營的不斷補給支持，前線就無法火力全開！

## 08 輔導員職責

輔導員的職責是照顧學員的身心安全，同時必須時刻作為學員的榜樣！身教、言教，都在潛移默化中影響學員。敏銳觀察小隊成員的個人特質、互動關係，透過各項活動，促進團隊正向交流與溝通。輔導員陪著孩子玩！在小隊破冰、課程學習、活動帶領、用餐

禮儀、盥洗就寢等，都要手把手帶著學員做，或者需要身先士卒、挺身而出，做到示範和引領的作用。很多時候更要配合主控場的講師、活動組人員的指令，配合控場，或是帶動氣氛，例如音樂律動、上台表演等，做到承上啟下的作用。

## 09 營前籌備

第一次籌備會議，針對營會主題、宗旨等凝聚共識。另針對組織架構、幹部群確認等，詳細討論和分工。依次再依各組進度、待討論事項，接續召開籌備會議，或者成為固定例會（每週），接近營會日期，會議的周期將縮短。除了大團隊會議之外，各組需有自己的小組會議，教案討論、課件製作、試教驗收、練舞綵排、活動試玩、美宣製作等，各組的籌備任務細化之後，確實責任到人。行前會議過細流程時，全體工作人員要同步清楚，同時段會牽涉的組別、任務，以保每位夥伴都有宏觀概念，若現場有突發狀況，能更快、更好的協助解決、補位等。

## 10 營隊儀典

營隊的結構，基本上是以儀典、課程、活動來貫穿構聯。儀典：始業典禮、結業典禮、營火晚會。

　　始業典禮是營會的起手式，有儀式感的讓學員願意參與進來，以動態活動、多媒體素材等形式，讓學員感受學習氛圍，激發學習動力。活動形式，可能會有宣誓儀式、走進道心門、大團隊活動等，創造集體的學習氛圍。隊輔的起手式，則是開營前的小隊時間，輔導員和小隊成員相互介紹、破冰活動、小隊長推選、小隊名、小隊呼討論等，就是建立好關係的起始。

　　結業典禮，則強調回顧學習歷程、展現學習成果為主，讓學員帶走收穫，結營後能和家長分享心得，結業典禮的形式將在 CH2-10（91）—（100）說明。營火在童軍運動中是相當重要的儀典，為什麼演變至今，成為營火晚會？將在 CH2-6（51）—（60）一起來解密。

# CH2-2

# 10 個絕對破冰遊戲

　　輔導員在迎接每一位小隊夥伴後，透過破冰遊戲的方式，打破新團隊成員彼此間的陌生、害羞、放不開的氛圍。評估破冰遊戲是否有效，反饋在成員間是否積極互動交流、歡笑聲此起彼落。本章節分享的十個破冰活動，輔導員精準掌握後，可以快速上手，臨場應用。

　　我認為對於陌生團隊來說，破冰遊戲還有一個關鍵密碼是「名字」，創造互動的同時，能開始記住且能喊出夥伴的名字或綽號。讓團隊成員，彼此感覺到被看見和尊重。另外我想提出一個提醒，和「破冰遊戲」容易混淆的是「暖身遊戲」。暖身活動是為了鋪墊主活動，而做的先備活動，以推進活動的連貫性。有些暖身活動則注重「暖心」，幫助學員進入學習的狀態。資深且卓越的輔導員，更可以在最短的時間，創造有效的破冰及暖身活動，以迎接後續的主題活動。

## 11 比手劃腳

　　邀請團隊夥伴，站立圍圈。以輔導員王小愛為例，口語表達：「大家好，我是王小愛。」加上一個對應的肢體動作：雙手比心，以利大家記憶。接續的夥伴，要先向前面的每一位夥伴問好，問好同時加上該夥伴的動作，最後才介紹自己，「大家好，我是某某某。」加上一個肢體動作。做每個動作的時候，邀請全體一起做！最後一位完成的夥伴，需和所有人打招呼，並做出所有動作。此利用肢體動作和不斷重複的機制，利於快速記憶所有夥伴的名字或綽號。

## 12 自說自畫

　　邀請大家在 A4 白紙上作畫。給予三個問題元素，不能用文字表達，只能以塗鴉的方式來作畫。建議的元素可以有：姓名、家鄉、興趣。姓名：可以是諧音的圖像，或是個人的綽號圖像；家鄉：代表性建築物、食物等，都是很棒的切入點；個人興趣：具體畫出個人喜好的事、物。輔導員可事先畫好自己的，作為示範和自我介紹。以具象的畫面，做為自我介紹，促進學生表達自我。同時也能透過此活動，發現有繪畫天賦的夥伴。

## 13 馬戲團

團隊站立圍圈，人手一個玩偶。每個人輪流自我介紹名字或綽號，輔導員下指令傳遞玩偶。例如右一，所有夥伴，同時向右將玩偶拋給右邊一位夥伴，同時大聲喊出該員的名字，依次調整難度：右二、左三、正對面等。現場看似馬戲團大雜耍，建議在 15-25 人團隊進行，熱絡現場氣氛。

## 14 節奏遊戲

團隊圍圈坐下，介紹一輪名字或外號（需要兩個字），開始喊名字加數字的接力賽！四拍為主體節奏，分別是（1）雙手拍大腿（2）雙手胸前拍手（3）右手胸前比讚往右（4）左手胸前比讚往左。喊名字落在第三拍和第四拍，右手名字和左手數字，數字 1-4 都可以喊。名字加上 2、3、4，被喊到的人，要在相應倒數的節奏中，重複喊自己的名字。例如小明 4，小明要在四拍節奏動作的同時，不斷喊出小明，若被喊到數字是 3，則是倒數三拍重複自己的名字。接續在新一輪的節奏中，在第三、四拍，喊出下一位夥伴的名字和次數。

唯獨喊名字加上 1 時，需要全體夥伴一起接力。全體夥伴需將（3）和（4）的動作，改為雙手碰肩膀和高舉雙手，並同時大喊：「呼 + 名字」。在記憶名字的過程中，特別考驗每位夥伴的反應、專注與節奏感。

## 15 餅乾盒

團隊圍圈坐下，名字介紹一輪後，輔導員以此開頭：「某某的餅乾藏在餅乾盒裡。」被點名的夥伴回：『不是我！』，發問者再回「就是你！」，被點名者：『不可能！』，發問者：「那是誰？」，被點名者：『某某的餅乾藏在餅乾盒裡。』接續此對話公式互動。隨著團隊成員，越來越熟悉且有默契後，加快速度，以提高挑戰難度。

## 16 名字心臟病

團隊圍圈坐下，名字介紹一輪後，每位成員分得一定數量的撲克牌，同時翻牌，遇到相同數字者，比賽誰能將對方名字喊出。適合小團隊，能夠同時看到牌為準，撲克牌數量不夠，可以三至四幅牌混放。考驗團隊成員專注力及反應能力。

## 17 入場調查

適用於報到時，在一張海報紙上，列出幾個問題，由每位夥伴畫正字記號的方式，匿名調查。題目可以是，年級、期待的營隊項目（活動、課程、運動）、營隊主題的瞭解程度等。創造漸進式的題目，引導帶入營隊主題。這些資訊的蒐集，有助輔導員分析和瞭解，團隊夥伴現階段的想法和狀態。

## 18 同質分類

在地上以膠帶、繩子，畫出十字型，分為四個象限。輔導員每提出一個問題，有四個答案分類，請團隊夥伴選擇對應的象限站列。題目可以是：今天怎麼來到這裡？（1）家長接送（2）搭乘大眾交通工具（3）自己走路（4）其它。觀察團隊的動態分類，邀請同區的夥伴彼此分享、交流。漸進式的帶入和營隊主題有關的題目，讓現場的夥伴，看見彼此的異同、創造更多的連結。

## 19 表情包提問

彩印通訊軟體的表情圖案，輔導員提出相關情緒類的議題，以表情圖案作為載體，讓學員表達。題目諸如：營前的心情、現在認識新夥伴的心情、對課程的期待等，漸進式提問，讓學生自由選取表情圖，讓學生有依託，可以盡情的表達和分享。為什麼我建議彩印出紙本表情包圖卡？讓學員手拿圖卡的體驗感，可創造和圖卡對視、圖卡示人的具體展演，這些都能讓對話更加具象和助益思考和表達。

## 20 快捷兔

團隊圍圈站立，邀請團隊討論，如何用肢體表達來詮釋演繹動物形象，小隊成員共同討論，三人一組

完成動物的形象化，例如大象，中間的人表演象鼻，左右兩人分別是象耳朵。輔導員設定三個動物，讓學員討論和定義。討論確定後，由輔導員首先在圈中隨機指人，被指到的人，和身邊兩位夥伴須完成對應的動物形象。看誰做得慢或做錯，換該夥伴到中間來指人。此活動能創造歡聲笑語，促進團隊成員，快速互動與熟悉。

# CH2-3

## 10 個魅力展演要訣

　　我以偶像藝人和粉絲團的關係，來比擬營隊中隊輔和學員的關係，輔導員如同偶像般，展現出的形象、才藝、氣質與魅力，能不能受到學員認同、喜愛與崇拜？輔導員善用正向影響力，引領學員積極學習、活動，是最佳的學習場域。本章節將分享，有哪些關鍵要訣，影響輔導員能否帶到學員的心。

　　以真示人，讓學員感受到最真實的自己，才能暢所欲言、正常發揮！千萬不要模仿他人，找不到自己的當下，絕對也找不著跟上自己的學員。當學員願意跟著輔導員的指令，進行課堂學習、活動體驗、對話交流，就代表被認可與信任，此時輔導員更要覺察自我的帶隊風格，因著不同對象，有不同的微調和學習，就越能掌握擔任隊輔的要領。

## 21 自我介紹

　　輔導員和學員密切互動，取得最佳第一印象是首要之工。自我介紹能讓學員留下深刻印象，且覺得輔導員非常有趣、好玩，充滿好奇，更能引學員進入課堂。從名字或綽號切入，引起學員好奇、聯想，能創造團隊的共同話題。亦可以多分享個人來擔任本次輔導員的背景、緣由，讓學員更加信任和關注。或是分享自己過去參加過類似活動的經驗等，其目的都是創造連結，學員能共情、共感後，輔導員更重要的任務，就是營造小組團隊正向且積極的氛圍。

## 22 對話空間

　　輔導員和學員對話，若是宣達事項、任務說明等，要以區分高低的形式安排，輔導員站立、學員坐下的方式；或是大隊伍以 U 字型來排隊伍，都是為了讓學員在視聽感受上，都能清楚看見示範或聽見內容，專注於發話者。若目的為分享反思，應該以圍圈的方式，平起平坐，並且確保每一位夥伴都有自己的位置，包含輔導員自己也要在圈內，彼此都能看到任一位圈中的夥伴。切勿有前後交叉坐，或學生彼此靠坐、抱坐。因此，我們可以發現，形式的展現，會影響到團隊的氛圍和狀態，越是有經驗的夥伴，越能善用和應變安排隊型。

## 23 營隊默契帶領

　　營隊開始前的小隊時間，除了自我介紹、相互熟悉外，更要藉此機會培養營隊的默契，這些默契可能是手勢、動令、歡呼等，屬於營隊專屬的默契，有利於大團隊管理，總教官一個口令或動作，全場夥伴能夠立刻反應，整體是有紀律和掌控的。例如：愛的鼓勵兩次加上第幾小隊到齊了。當小隊完成此動作，總教官就會清楚，該小隊已經到齊，同時為小隊加上精神分數，創造榮譽感。又或者，總教官高舉童軍三指禮，全場夥伴立即放下手邊事務，靜肅舉出三指禮，看向總教官，表示全場靜待事務宣達。這些默契，有助於控制場面、氣氛營造、活動流程順利推進等。

## 24 團康活動帶領

　　輔導員需準備三到五個小團康，帶領學員彼此互動。活動規則、指令要清楚，說話大聲有自信，肢體語言要誇大，自己要起到示範和帶頭的作用，學員才會願意配合。另外關於懲罰或開玩笑，要小心拿捏尺度，以正向和同理的角度出發。請多思考：「如果我是學員，當我聽到、看到輔導員的行為舉止，我會有什麼反應？」站在學員的角度看待，會比較容易切入。將在 CH2-4（31）—（40）分享十個團康活動，其規則與帶領注意事項。

## 25 團隊音樂律動

讓團隊跟著音樂搖擺，創造動態感、團隊感。無論學員坐在小板凳或站立，都能隨著音樂，搭配輔導員的動作，展現團隊的氣勢和精神。音樂律動是很棒的控場技巧，尤其在活動 A 與活動 B 交接的空檔，是很好的連接形式。音樂宜選擇節奏頓點規律，或是耳熟能詳的歌曲，利於動作整齊和合唱。因此，輔導員團隊可事先搭配好固定的歌曲，設計發想小團隊的幾組動作，以利團隊更好的整齊呈現。控制大團隊，最重要的秘訣是：「別讓學員閒下來沒事做！」音樂律動基於學員的好動、好玩的天性，是很棒的舒壓、轉場過渡。

## 26 關注重點人物

每個學生團隊中，總有比較活潑的小夥伴，是為團隊的靈魂人物！只要他願意配合輔導員，整個小隊夥伴會因著他的帶動，更快熱絡和進入團隊學習的狀態。靈魂人物通常都希望被老師注意和肯定，因此他的每次回應，無論是什麼面向，輔導員都要能夠「接住」，轉化該員的題外話或者非正向表達。通常先示意我們有聽到，現場做回應和轉化。舉例來說，取小隊名、小隊歡呼等，藉由他的發想，做為主題來發散討論，他的發表有被看見、尊重和在乎，以此展開做討論。同時也要注意，其他團隊成員的感受，團隊整

體氛圍的營造，是需要經驗不斷積累，可以掌握的更從容自在。

## 27 個人特質展現

最真的自我，自然發光發熱！每個人都有屬於自己的個性、特色、風格，初次擔任輔導員的夥伴，常常會不自覺，模仿受訓時學長姊的儀態、神情，不自覺地帶入其風格特色。要特別提醒，不要模仿任何人，這樣很可能會變成四不像，綁手綁腳，失去自我。在正向積極的語言基礎上，盡情展現自己的個性，和學員充分互動，才有機會創造學員喜歡、好奇輔導員的契機，讓關係更進一步。口頭禪、肢體語言、語氣腔調等自然流露，感受到真性情，就是最好的展現。

## 28 創造共同話題

歌曲、動畫、電影、遊戲等陪伴新世代夥伴成長的話題，就是拉近彼此關係，最好的敲門磚。主角人物、遊戲術語等就像是通關密語，讓學員覺得，輔導員跟我是同一夥的。因此在營前準備時，針對學員的年齡層、當下青少年流行次文化等，加以調查研究，是必不可少的功課之一。我們不需要給予這些流行文化，做任何價值評判，僅是藉此做為連結，建立關係的媒介。

## 29 雙人共舞要默契

有些營隊會設定雙輔導員制度，也盡可能男女搭配，以照護同一小隊的男、女學員。雙輔導員要有默契的搭配、互補，一位可稍微嚴肅，另一位則平易近人；一人活潑開朗，另一位則沉著冷靜，兩位輔導員有不同風格、特質的展現，活潑對應團隊學員的整體氛圍，以利營隊中各項活動挑戰、學員輔導對話等。

## 30 真誠照顧學員

學員抵達營隊，像是進了一個陌生的地方，有很多擔心、不習慣，輔導員的角色，要以最快的時間，讓學員安下心來。細膩的觀察學員的表情、狀態，表達真誠的關心，一句「你還好嗎？」也許可以讓他卸下心防，更願意和你傾訴心裡話。學員有任何需要幫助，或難為情（尿褲子、肚子痛等）當下，你能適時伸出援手解圍，孩子就能把「自己」，放心地交給輔導員、交給團隊。

# CH2-4

# 10 個經典團康遊戲

　　營隊輔導員，每個人都要有一千零一招，也就是自己相當熟練的團康遊戲，以應各種場合應用。團康活動依據類型來分類，可區分為反應型團康、車康型團康、破冰型團康、表演型團康、競賽型團康等，多數的團康活動，都能同時混搭對應多個類型功能。

　　團康活動用於小隊時間、大地遊戲、晚會節目等，是輔導員的基本功。帶領技巧，謹記尊重每一位夥伴，給予任何指令或回饋時，都要時刻反求諸己，以學員角度出發，這些對話內容、指令要求，是不是能被接受，且願意積極回饋互動？本章節分享的經典團康，讀者可以在網路上尋找活動影片，或和資深活動隊輔請益，能夠更快掌握每個活動的帶領技巧和要領。

## 31 九九乘法表

小組夥伴圍圈坐下，一起拍手跟上節奏。依序提出任一組九九乘法表的題目，接續的夥伴需要回應答案，並接著出題給下一位夥伴。全體夥伴的拍手和問題及答案，皆須在同一節奏上。本活動考驗夥伴反應，以及能夠觀察夥伴對於數學的敏感度。亦可用於數學相關課程的暖身鋪墊。例句：「九九乘法表啊！」「三七？」「二十一。」「九八？」「七十二。」

## 32 虎克船長

小組夥伴圍圈坐下，目標是團隊接續傳遞「虎」、「克」、「船」、「長」四個字。最後被指到「長」的夥伴，雙手合十上舉過頭喊：虎克、虎克，左右兩位夥伴划船動作喊：嘿咻、嘿咻！三人一組完成動作，做慢或做錯，則邀請夥伴表演或自我介紹。如果三人都達標完成，中間的夥伴應該快速喊：虎，並指向他人，接續新一輪的活動。

## 33 進化論

本活動適合 30 人以上大團隊活動，在這個活動中有四個階層：雞蛋、小雞、公雞、雞壩，全體夥伴透過猜拳爭取晉級。四個階層有相應的動作，以利識別同類夥伴，找尋猜拳對象。例如：雞蛋—蹲低；小雞

—單手五指併攏放置頭上；公雞—雙手合十放置頭上；
雞壩—雙手握拳腰間振動翅膀樣。進化論的階層，可
以創意發想，例如：猿人—原始人—智人—現代人，
相應動作也要一併設計到位。

## 34 捏麻吉

邀請夥伴雙手搭在夥伴肩膀上，輔導員給予相應
的指令中，完成指定動作。輔導員：如果你要吃麻吉，
請你跟我這樣捏，輕輕捏啊、輕輕捏！接續首句「如
果你要吃麻吉」不更動，捏改成切、揉、槌、拍，輕
輕改成小力、大力、超用力，循序漸進交替，現場會
充滿笑聲、哀嚎聲等，輔導員要更敏銳的觀察學員的
狀態，避免學員間的口角或衝突。

## 35 賣湯圓

屬於大團隊活動，適用於隨機分組。輔導員問：
賣湯圓啊！賣湯圓！學員回：一碗多少錢？輔導員再
回：一碗五塊錢。此時學員需五人一組牽手坐下，落
單的夥伴，邀請他表演或自我介紹。注意現場的人數，
對應除數，以符應小組人數。最後一題結束時的分組，
作為接續活動的應用，是非常漂亮的過渡、轉場。

## 36 打擊魔鬼

邀請團隊圍圈坐下，輔導員拿著一個紙棒，先行示範擔任魔鬼，由圈內一位夥伴先喊其他夥伴名字，中間輔導員的目標是，打到被喊到名字的人。被喊名的夥伴，在未被打到之前，喊出其他人的名字，就可以逃過一劫。考驗所有夥伴的專注度、反應力。注意現場硬體安全：地板、座位、空間等。

## 37 猜領袖

邀請一位夥伴擔任猜領袖員，先行離開團隊所在空間。團隊內找出一位領袖，無論他做什麼動作，所有人都要跟上節奏、一致。團隊目標是讓猜領袖的夥伴，猜不出來！考驗學員專注力、觀察力等。引導領袖善用身體四肢，創意思考各種動作，連續不斷，可以創造更多歡笑，促進團隊氛圍。

## 38 翻牌成對

此活動屬於競賽型團康，距離小隊起始點30公尺，有多張蓋住的撲克牌。團隊成員依序前往翻牌，每次翻兩張，兩張是相同數字即成功，若不同則蓋回去。團隊目標是，用時最少，且能將同樣數字的牌都翻出。考驗學員的記憶力、觀察力、溝通力。依據團隊狀態，可以給予難度的設定，例如：團隊成員能不能討論？

每個人去翻牌的順序和次數，是否限制？都可以做調整，以回應輔導員的活動目標。

## 39 眉目傳情

最經典的車上團康，輔導員給予隨機的兩位數字，告訴最前排四位夥伴，由他們透過眨眼的方式，往後傳遞。在傳遞過程中，會有很多笑料、尷尬、疑惑等，都是創造團隊氛圍的契機。最後邀請車尾後四位夥伴，分別報出數字。因著車子座位的限制，車康的活動以直線型、傳遞型的活動體驗感來發想和設計。類似的活動「精忠報國」，可以從後方開始傳遞，在前一位夥伴的背上寫字，也是相同的活動概念。

## 40 超級比一比

表演型團康的經典之一，常用於晚會團康活動。邀請每小隊派代表上台，背對觀眾。主持人公佈題目，通常寫於大海報或投影，讓觀眾以及第一位表演的夥伴看到。接著請所有表演者統一面向舞台的一側，第一位夥伴，拍下一位夥伴肩膀，開始表演，依序傳遞表演內容。最後一位夥伴，是不是能猜出題目，則關係前方所有表演者的解讀和演繹。在主持技巧上，可依據觀眾的反應，邀請表演特別出彩的夥伴再表演一次，或是讓答案歪樓的夥伴，分享為什麼這樣表演？通常都能帶來不錯的舞台效果。

# CH2-5

## 10 個闖關遊戲形式

　　活動帶領者除了掌握帶領技巧外，更需具備活動設計思維，從活動企劃的角度出發，以營隊中最常出現的闖關活動，作為本章節分享重點。遊戲化（Gamification）在教育現場遍地開花，能喚起學生的學習動機，有機會將學生引入學習的場域和狀態。

　　近年來，學科領域融入活動課程，更蔚為風潮。無論營隊主題內容為何，掌握闖關活動的設計框架，讓學生在小隊合作中，有更多情意的交流和學習，同時也能創造更精緻化的體驗感，因此我從活動設計者的角度出發，分享十種不同闖關遊戲的形式，談其對應出學生的具體行為、態度之展現，供課程設計者參考和指教。

　　本章節內容同步刊登於李冠皇 (2021)。《自主反思力：以學生為本的活動課程設計與實踐》。臺北：萬卷樓。

## 41 追蹤旅行版

　　追蹤旅行源自於童軍運動中的觀察、記號的訓練，記號是追蹤旅行時，用作指路標及獲得訊息的工具。轉化到現今的教學現場，透過有意義的記號（線索），指引學生從 A 點到 B 點，訓練學生解謎、觀察等能力。

## 42 明師指引版

　　若是在有限的空間，例如在校園內或是環形步道中，因為時間或場地的限制，最常見的做法就是，老師給到每個小隊一張行程表，在相應的時間，到達指定的教室或空間。缺少了解謎的樂趣，建議應該把焦點放在關卡內容上，多所著墨以豐富體驗感。

## 43 捉對廝殺版

　　兩隊或多隊同時進到關卡，能夠創造競爭的氛圍，有助於強化團隊榮譽和精神。關鍵是各關卡的時間掌握，只要有關卡進度落後，就需要時間等待對手小隊到齊，甚或壓縮關卡的活動時間、內容。因此活動內容的安排，以及各關主的時間掌握、默契配合更顯重要。

## 44 科技導入版

數位載具的導入，有更多新科技的應用，能夠回應新世代學生的生活經驗。硬體工具如：手機、平板、衛星導航等，結合軟體應用：共享表單、通訊軟體、任務回報積分等，新科技使用的能力培養，在這裡扮演重要的角色。活動設計者，挑選能回應課程目標的元素加以應用。

## 45 使命必達版

給學生第一個任務題目，該任務必須完成，才能獲得下一個任務題，以鍛煉學生直面問題、不放棄的解題。為了完成第一道題目，小隊成員使出渾身解數，問題解決的策略和方法，有機會在困境中不斷體現。

## 46 競爭合作版

適用於題庫量夠多，例如我有 120 個題目／任務點，一次性全面公開題目內容，讓全年級 10 個班 30 個小隊，自主搶分，每題只要被破解，其他隊伍不能再答。各班為了爭取高分，小隊間、班級間競爭又合作的關係，如何開展？考驗學生的策略思考和創造力。

## 47 攻城略地版

讓小隊的學生擔任關主，迎接其他隊伍來挑戰。相應關卡的分值可以由學生來設定，挑戰隊伍要能夠積累對應的分值，才有資格挑戰。這裡談的是學生的自主決定權更高，從擔任關主、策略規劃到闖關順序，都交給學生自己來討論和決定。

## 48 路人共演版

冒險歷程中，學生的關卡任務是開放性的，需要和路人、店家做更多的互動，無劇本真實演出，創造更多不確定性，更符合冒險挑戰的精神。學生和真實生活脈絡有更直接的連結，和社會真實情境是緊密結合的。

## 49 體能挑戰版

強調體能挑戰，從活動場域來做安排，可以是沙漠徒步、爬山等，在完成關卡的中途，考驗參與者體能極限，在登頂或終點會有最終關卡，這樣的活動設計也常出現在綜藝節目中，放在教學場域實施，要注重強度的設計以及是否回應教學目標，以避免落入學習綜藝化的誤區。

## 50 角色扮演版

　　設定情境，讓學生化身為情境之中的角色，依著大家對情境的「集體記憶」，串聯整體故事脈絡，學生就會有更多的帶入感，躍躍欲試的挑戰關卡，化身為故事線的主角，在這個版本中，情境設定和學科內容、關卡活動多方的連結，需要情境本身的底蘊夠深厚，能創造出的火花就會更燦爛！

# CH2-6

## 10 個晚會設計要訣

　　因著不同的營會主題、天數推進，晚會形式、目的也不相同，要能回應營隊的整體活動脈絡與情境。因此初階活動人員，要先掌握營隊晚會的宗旨與目的，接續設計相應的節目流程，從節目內容選材、準備要領、效果呈現等，都成為本章節分享重點。

　　掌握活動設計的核心概念，就能活潑轉化應用。我以「營火」為例，源自童軍運動，在歌聲中點燃營火後，小隊依序表演節目，夥伴予以童軍歡呼回饋，尾聲以團長談話，帶領大家反思做結。隨著時代和儀式的借用和轉化，演變成大家現在熟悉的「營火晚會」，當我們知道源頭和概念，知其所以然，就能更好的在基底中創新和實踐。

## 51 晚會類型

營隊活動中有各式的晚會呈現，因著不同功能性質來區分晚會類型。迎新晚會：通常用於營隊首日晚上，或是營前準備日晚上，目的是相見歡，輔導員、學員間相互熟悉；展演晚會：除了輔導員的表演節目外，搭配小隊表演，或是學習成果展現；惜別晚會：結營前最後一夜，向夥伴告別、回顧和展望未來。另以節目呈現形式來區分，可分為表演型晚會、團康型晚會、戲劇型晚會、營火晚會，如今多以綜合型晚會，豐富夜間課程的形式和內容。

## 52 明確晚會目的

設計活動，安全第一、宗旨至上。明確晚會的目的，才能更具針對性的開展活動流程的設計與安排。整個晚會的調性確認後，再思考以什麼型式和內容呈現。例如：若以惜別晚會為主題，團康活動的比例宜降低，輔導員的表演、學員的學習成果宜多所著墨，涉及的軟、硬體支援，就會有不同的需求和呈現。

## 53 晚會的安全規範

晚會為了營造氣氛，多會有燈光設計，活動現場光源偏暗，那麼相應學員的掌握，應該如何操作？建議應建立在營隊的整體默契中，學員在任何時間離開

隊伍上廁所、就醫等，都應第一時間徵得輔導員同意，才能離隊。晚會在戶外或室內，以及廁所遠近等，都應有接續的標準化流程：結伴、輔導員帶隊等。另外針對晚會場地的用電、用火、用水等，都應確保使用質量，並劃定安全區域，避免學生誤闖或碰觸等，造成憾事。

## 54 晚會氣氛營造

晚會氣氛除了燈光音響外，還需要主持人和隊輔的默契搭配。主持人在各段流程中創造小隊、中隊的競爭意識，強調團隊榮譽，評分機制、口頭獎勵等，都是可以運用的工具。輔導員之間的競爭、比拚、搞笑，這些「演出」都是輔導員的基本任務，促進氛圍的催化劑。輔導員的團體表演（舞蹈或演戲），是壓箱寶、隱藏版節目，創造晚會的高峰。

## 55 熱力曲線

熱力曲線是整場晚會流程的氛圍曲線，分為單峰型和雙峰型。雙峰型第二個高峰要更高。從參加者角度來思考和反饋，活動流程的心情、感受、氛圍，是不是能夠循序漸進，並在晚會尾聲緩和情緒和收斂收穫。以此曲線來設計發想節目排序，活動後亦可以此來檢視活動安排的優劣。

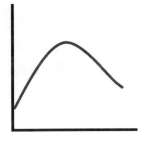

## 56 經典架構

晚會經典架構：開場、團康活動、戲劇表演、小隊表演穿插、輔導員表演、感性時間。（1）開場型式：點燃營火（火鳥、棍舞、拜火舞等）、營火（營主任致詞、營火舞），若為室內晚會，則以聲光視覺開場（影片、燈光開場）。（2）團康活動：以小隊團體競賽類優先安排，小隊派員上台競賽次之，團康活動目的是讓場面熱絡、全體夥伴能放下身段、同樂互動。（3）戲劇表演：劇情在歡笑中，回應營隊主題，才是高段的企劃，避免低俗鬧劇之設計。（4）小隊表演：在營隊開始後，就賦予小隊的任務，促進團隊問題解決、分工和實踐。小隊表演之間穿插各類節目安排。（5）輔導員表演：通常以動態舞蹈作結，男隊輔舞、女隊輔舞、男女隊輔合舞等，學員看到精銳盡出的表演，皆會為之瘋狂，對於隊輔更加喜愛和崇拜。（6）感性時間：輔以燈光、蠟燭，創造爐邊談話之感，小隊夥伴彼此分享心得，輔導員善用情境加以引導和交流。

## 57 開場儀式

點燃營火之前、後，有哪些儀式、活動，可以應用和操作？透過吸睛的香舞、火棍舞、火球舞、螢光棍舞、拜火舞等，鋪陳營火的點燃。營火點燃可以火鳥、火把來點燃營火，接續團體一起帶動跳《營火舞》，歌舞歡慶營火點燃。前後次序要能掌握，型式可以靈活調整、創新，就能讓晚會的起手式漂亮又吸睛。

## 58 小隊表演

小隊表演的目的是全員參與，透過活動討論與準備，促進小隊凝聚，在發佈任務時，要給予小隊表演的準備框架（規範），最經典的操作是，邀請學生抽籤「歌曲」和「道具」，學生可以演戲、唱跳等形式，從討論發想、排演，到正式演出，是一完整的學習歷程。建議選擇學生耳熟能詳，或是搞笑、復古的歌曲，作為抽籤題庫。道具可以鍋、碗、瓢、盆、掃把、水桶等為選項，激發學生創意思考，亦能兼顧表演效果。另一種思路則是，歌曲和道具的設定，都能和營隊主題緊密扣連，再次呼應活動主題。

## 59 隊輔表演

隊輔表演是晚會節目的壓軸或彩蛋，往往能讓學員又驚又喜。舞蹈表演和短劇演出，是常見且有效的

表現形式。隊輔的演出效果，有別於平時和學員互動
的刻板形象，反差感也是設計的巧思之一。讓學員有：
原來我的輔導員這麼搞笑、這麼會跳舞等，這些都有
助於回歸小隊時，促進小隊間的對話、關係發展等。
舞蹈力求整齊度、走位編排，短劇則力求簡短扼要，
和學員的生活有共鳴感，且能有台上、台下即時互動
感，例如：讓觀眾有機會即興出題，考驗台上演員，
常會有神來一筆的驚喜。演員回應的好或不好，都成
為最有「笑果」的演出，這樣就成功了！演員也會因
著觀眾的反應，知道哪些動作表情可以更加凸顯，以
達到更好的效果。

## 60 感性時間

晚會收尾多以感性時間作收斂，引領學員感恩回
饋師長、隊輔、工作團隊、學員彼此等。帶領感性時
間務必平鋪直敘，回顧活動歷程的點滴故事，若場地
硬體條件可以配合，可結合多媒體影音回顧，促進氛
圍的營造。帶領者切勿情緒過於激動，非以讓大家感
動掉淚為目標，或企圖以個人情緒感染全場，有時反
而達不到效果，而變成「笑」果。多留些時間給小隊，
讓學員彼此分享、輔導員接續回饋，讓小隊的互動關
係，在此刻更加緊密和信任。

# CH2-7

# 10 個促進討論工具

　　活動體驗後，反思對話如何有效收斂？反思引導
是為了要讓體驗者「說話」，我們的引導只是讓這樣
的對話更為聚焦，其引導的方法、脈絡有各類派別、
要領，但目的都是要讓體驗者在其中對話，從大家的
對話中，去接納、思考、認知、同理，讓大家看見，
活動課程其豐碩的價值存在。

　　動態反思（Active Reviewing）強調以圖像、感官、
肢體等動態式的方式進行反思，提升反思效益和樂趣。
對青少年來說，意即在活動、遊戲的狀態下，已經開
始思考、討論與對話交流。在我實踐的經驗中，羅列
出十個簡單易學，且能促進青少年積極發言的工具。

## 61 發言球

多球面的發言球，讓學員在小隊圈中往地下扔擲，因著多球面的設計，無法判斷和預測彈跳方向，創造了大家期待「球落誰家？」之感，促進團隊專注、好奇、緊張之感，球落在誰面前，接續發言回應後，再將球丟出，找尋下一位發言夥伴。若同一位夥伴再次拿到球，則該員左、右兩邊的夥伴需發言。

## 62 轉動繩圈

一個繩圈，打一至兩個結，讓小隊夥伴一起傳遞繩圈，可以老師的哨音、指令，或音樂停止，請大家暫停。同（61）提到的發言球，當繩結在誰面前時，該員就要發言回饋。重複拿到繩結，由左、右兩邊夥伴發言。同樣創造遊戲體驗感，讓學員在活動中，需要回應輔導員的提問，促進團隊對話。

## 63 反思圖卡

在地上鋪開許多照片圖卡，輔導員提問：學習收穫、心得回饋等。邀請學員自己挑選一張，來回應問題。圖象化，有利於學員思考和表達。小隊人數少，可以依序分享；人數較多可讓學員找尋不同夥伴，彼此分享回饋。

## 64 4F 引導

英國引導師羅貴榮（Roger Greenaway）提出「動態回顧循環」Active Reviewing Cycle 的引導技巧，歸納出四個「F」的提問重點：Facts（事實）、Feeling（感受）、Finding（發現）、Future（未來）。Roger 以撲克牌的花色說明反思的內涵，並依照撲克牌的次序，回應經驗學習圈的脈絡迴圈。

事實 Facts：方塊代表的是經驗最初的面貌，它有很多面向，正如鑽石的多面性，因此，透過團隊以不同角度的觀察、回顧、拼湊，以多元客觀的角度，描述事件和經驗。

感受 Feeling：紅心代表個人的感覺和情緒，表達對該事件、經驗的主觀情緒、直覺、心情等。

發現 Finding：黑桃代表探索內心的一把鏟子，期待在這個階段挖的更加深入，在此提出的問題通常是要尋找原因、解釋、判斷或澄清信念、價值觀。經過本階段詳盡的思考，總結出的經驗，能為個人或團隊帶來新的意義。

將來 Future：梅花像開花結果的大樹。代表多向度的前瞻思考，思考如何把經驗轉化和應用在未來的生活中，可能包括行動計畫、學習計畫、預測未來、

思考可能性等。

## 65 Full Value Contract

　　美國 Project Adventure 以 Full Value Contract 為基底，進行各項體驗式課程的團隊文化建立。若用說文解字來看：FULL 有盈滿、滿溢之意；VALUE 價值；CONTRACT 合約、契約之意。意即：滿溢的價值合約。在華人體驗教育界常用的翻譯是：全方位價值契約或正向行為原則。我認為，後者的翻譯更切中其本意。FVC 強調，由參加者自己訂定屬於團隊的規範，這些規範即是團隊成員的價值觀展現，進而體現成為具體行為，促進團隊正向文化的建立。格外重要的是，這些規範是學習者本身自己訂定的，學習的主體、責任，皆是學習者本身要充滿主動性。在每個課程段落後，利用 FVC 回饋反思，又或者團隊有衝突、矛盾時，可以適時導入 FVC，作為討論的框架和工具。

## 66 故事線

　　給學生一條童軍繩，在地上擺出課程段落的心情曲線，擺設的過程中，學員就必須仔細回想歷程、反思總結。接著，我們邀請學員彼此交流分享，故事線的高峰低谷。若現場沒有繩子，可以邀請學員畫在紙上，主要是透過曲線，來發表個人的回顧、觀點。

## 67 小玩偶

輔導員可以和團隊律定，拿到玩偶的人，才能發表意見、說話。首先能掌控討論秩序，避免七嘴八舌；其二拿到玩偶的學員，可以有安定感，就像自己抱著玩偶對話一樣。表達完成後，將玩偶丟傳給下一位夥伴，訓練團隊專注、建立默契的一種討論工具。

## 68 繪畫

小隊討論，有時候可以邀請學員用繪畫的方式來呈現。先畫再說，同樣是讓學員有一個媒介，可以更充分的表達。例如 CH2-2（12）自說自畫的自我介紹，就是一種使用繪畫的時機。另外像是邀請學生畫下印象最深刻的一件事情、最想表達的感謝、祝福，透過先畫再「話」，促進討論氛圍和內容。

## 69 身體刻度

讓學生透過身體既有的刻度，來表達「程度」。例如對於課程滿意度，以比讚的形式給分：從倒讚到比讚 180 度的區間，代表滿意度高低。又或者單手舉高的程度，從下擺貼緊褲縫，到舉手大臂緊貼耳朵的不同程度；蹲下到起立的不同程度、雙腳分開的程度等，都能創意發揮，利用身體的各部位，表達個人對引導者的議題，做不同程度的回饋。

## 70 乾杯

發給學生一個透明的塑膠杯,依據輔導員給的題目,例如,學習收穫的程度,邀請學員自己倒入對應程度的白開水量。依序聽完所有人的分享後,大家一起高舉乾杯。通常此類討論,用於活動尾聲,富含結束、慶賀、祝福之意。

# CH2-8

## 10 個隊輔團隊默契

　　評估活動團隊有無「炸裂」全場，讓學員全然投入？資深活動人員，關注的是團隊的控場能力，體現在活動現場的所有細節。本章節，我整理出十個團隊默契要領，是最基礎的門檻，以此彰顯團隊在活動帶領的專業和細膩度。

　　對團隊內部來說，這些默契、內規，彼此相互提醒、合作來體現，讓總體活動推進的更加順利，無形中也建立了團隊內部的文化，積年累月下來，自然成為團隊的默契，控團就更加游刃有餘。切記，大家一起登台演戲，力求完美呈現、爭取最佳效果，團隊夥伴下戲後，退出角色後的反思對話，更顯重要，以為下次的活動作更多預備。

## 71 總教官永遠是對的

　　總教官負責活動的控場，流程的推進等重要工作。他給予的每個指令、要求，所有輔導員、學員，都要配合服從。但有可能訊息多元混雜，總教官在佈達時有誤，此時千萬不要提出質疑、修正（其他工作人員私下告知總教官調整），所有人員先依據現階段的指令動作，等候總教官新的指令。有默契的團隊，也可以順勢讓學員知道，無論現場情況為何，總教官永遠是對的，樹立總教官的權威感，活動推展能更加順利。

## 72 宣佈事項停止動作

　　總教官在講話時，所有人員應該停止動作，安靜聽完講話內容，各團隊才能依據指令動作。最常發生在晚會結束後，大家急著離開晚會現場去盥洗、就寢，常發生總教官還在宣佈注意事項的同時，輔導員發給學員宵夜，此刻「傳遞東西」的動作，讓學員失去專注力，也就沒聽清楚交代的注意事項。宣佈事項時，全員專注聆聽，是全體工作夥伴，都應該有的基本認知。

## 73 精神面貌之展現

　　輔導員的服裝儀容，作為學員的榜樣。不宜染髮、作怪，力求乾淨、整潔。若有營服、團服，都應該整

齊一致，展現出團隊最佳的精神面貌，更進階要求規格一致性，包括：褲子、鞋子、隨身包等，以此作為專業團隊的具體表徵。

## 74 以身作則身先士卒

我們常要求學員要如何？該如何？很多時候，輔導員先做表率、示範，讓學員覺得，我們同在一起，就能促進關係的建立。舉例來說：我們要學生席地而坐，輔導員自己卻蹲著或站立，在外顯的行為上，就無法和學員同在。內在的認同，需要輔導員以身換位思考，假若我是學員，我聽到輔導員說哪些話？怎麼說話？我會願意接受和配合？想通了，就更能掌握互動的方式和內容。

## 75 創造競賽榮譽感

創造小隊、中隊、聯盟之間的較勁感，是全體工作團隊的首重任務。激發學員的榮譽感，各項活動、課程、生活常規等，透過評比讓學生有感，相應的評判標準要明確、分數能夠量化、具像化。輔導員之間也可以創造帶動競賽感或是相互結盟，力抗其他陣營，無形中都在鞏固團隊的凝聚力、榮譽感。

## 76 行有餘力主動補位

依據行前會議，劃定工作職掌、個人的工作重點，在完成自己的職責之後，行有餘力要能夠適時補位，協助其他工作夥伴，照顧好所有學員。舉例來說，A隊輔接隊完成後，小隊已完成自我介紹，帶到始業典禮的座位區等待，此時 B 小隊因有學員延遲報到，輔導員去報到處接學生，A 隊輔應該肩負起同時照看兩個小隊的責任。神救援夥伴的前提，一定是本務工作都已完善，才能補位。

## 77 同性輔導員優先

同性輔導員優先的概念，可廣泛應用在活動帶領、隊輔補位、衝突處理等。無論在肢體互動、眼神交流、心事傾訴上都較有安全感。例如：女學員逢生理期，會找同性輔導員求助。另外要提醒，即使同性輔導員優先，不必要的肢體接觸都宜避免，營會中，輔導員和學員的盥洗、住宿，皆應獨立分區。兒童保護政策的相關議題，更應在活動籌備期，有專場的教育訓練、承諾書簽寫等，讓全體工作人員有相同的意識和概念，照護好所有學員。

## 78 大家一起登台演戲

　　總教官、隊輔、其他工作人員，大家都是整場營隊的「演員」一起登台演戲。包括前面所提（71）、（75），都是為了一起演好這齣戲，因此每一位夥伴都要入戲，認真較勁、拚輸贏，假裝非常在意輸贏、榮譽感，去感染學員。下戲後要能夠跳出角色，一切都煙消雲散、和好如初，建立最有默契和革命情感的團隊。

## 79 控場的精緻與細膩

　　最精緻和細膩的控場，不是總教官大聲吼叫。能夠做到無聲勝有聲，才是最高水準。運用童軍三指禮的形式和精神，迅速讓全體夥伴舉手、安靜並專注。以及其他如起立、坐下等手勢下達，這些都能展現團隊紀律和氣勢。另外音樂律動，是集合隊伍最佳良藥，讓學生習慣到集合場跟著音樂律動，現場每位夥伴都有事情做，能夠快速聚焦，讓現場顯得相當有秩序。

## 80 正向語言的力量

　　我們和學生互動，常常不自覺地說出：不可以這樣、不可以那樣。我們常用負向式的表達，讓學生覺得受到限制和否定，練習用正面的語言和學員說話，是我們平時就要刻意練習的，屆時才能習慣成自然。

另外個人若有負向口頭禪，更要相互提醒，避免在學員面前脫口而出。學員喜愛和崇拜輔導員，所有言行，都成為學員學習模仿的對象，務必發揮正向影響力。

# CH2-9

## 10 個應變處理技巧

　　營隊的課程、活動在推進的同時，會遇到學員各種生理、心理的情況，身為陪伴在旁的輔導員，第一時間要怎麼回應和應變，對於初學者來說，是非常棘手卻也是快速成長的契機。

　　營隊中涵養青少年社會適應力的養成，在各項課程、活動中，每個孩子要充分和他人互動、協作，有孩子因為遇到不同的交往溝通經驗時，而產生爭吵、孤立、打架等，輔導員應該把前列學員體驗的「事實」，看成營會中，孩子的學習歷程之一，透過團隊反思的機會，創造更多互動、理解的對話，這般的學習收穫更顯珍貴。

## 81 溝通不動手

遇到不配合或調皮的學員，一定有前因。在未清楚前因之前，如果學員有極大的負面情緒，或刻意激怒輔導員，我們都應該冷靜以對。溝通對話時，把自己的雙手放在身後緊握，提醒自己無論如何都不能動手。事後再由其他工作夥伴了解原因，做後續的輔導。

## 82 選擇對的對話空間

小隊時間宜選擇相對封閉的空間，減少外界干擾（走動的人流、聲音干擾等），討論宜採圍圈形式，輔導員也是圈上的一位，避免坐在圓圈中心，無法有效對話。另外若是宣佈事情，建議學員坐下，輔導員站立，以確保每位學員都聽到、看到發話者。若學員無法坐下，只能站著，輔導員拿板凳站高、階梯等，都要創造外在位階的形象，來佈建當下的情境氛圍。

## 83 先聽再說

小隊學員無論發生什麼事情，當他第一時間找輔導員反映、傾訴時，輔導員首重，先聽再說。讓學員充分表達意見、情緒後，輔導員再表達回饋。首先取得信任，才有機會還原真相，當學員覺得被接納後，接續的處理更好推進。

## 84 吵架打鬧

小隊夥伴在課堂上吵架、打架，如何輔導處理？建議的優先順序：傷勢處理、情緒抒發、個人輔導、團隊輔導。傷勢狀況判斷嚴重程度，進行處理或後送，若很嚴重需通知家長前往醫院，若一般傷勢，宜處理完再通知父母，避免不必要的擔心和緊張。在和學員談話時，先讓學員充分抒發情緒，才能更好了解前因後果、來龍去脈。個人輔導對話結束，再回到團隊和大家引導，不要創造眼不見為淨的錯覺，同小隊的夥伴都很清楚，此前的確有發生過「事情」，考驗輔導員，引導當事者和團隊說明，創造團隊的對話，讓大家相互理解和關注，每個人的底線是什麼？需要被幫助的是什麼？以此來促進團隊，重新開始的契機。

## 85 想念爸媽

小學生或初次離家參加營隊的學員，容易想家、想爸媽。輔導員首先和家長交流，瞭解孩子的背景情況、特長、興趣愛好等。並且傳達爸媽期待小朋友更加獨立、勇敢之意，完成營隊挑戰後，有好多獎勵等著他，以此做為溝通基礎，加以展開。如果有特別抗拒要離營、想見爸媽的小朋友，適度透過視頻電話和家長互動。為了確保學生獨立面對挑戰的完整性，視頻電話仍是備選方案較佳。輔導員可以做到什麼程度？此和家長的支持程度，成正相關。

## 86 學員被孤立

學員被孤立，必有其因。可能是個人衛生整潔、說話風格和內容等。我們的職責是，創造接納的契機，在不同活動中邀請他表達／表現，或是創造他能貢獻己力、幫助團隊的機會，需要輔導員格外敏感和用心，去觀察該員的特長、特質，在團隊中有給予施展的機會，讓其他學員看到不同面向的他。

## 87 學員太活潑

有另外一種學員過於活潑，凡事以他為中心。這樣會造成其他學員無參與感，也可能變成另一種被孤立的情況。對於活潑外向的夥伴，一定要特別關注，輔導員要先接招，可以適度請他當領頭羊，發表意見、示範等，讓他覺得被輔導員看見，但輔導員接續就要拆招，轉向其他成員分配任務，讓其他人也有參與感。活潑的學員運用得當，可以成為輔導員的超強助手。

## 88 皮外傷處理

建立屬於營隊的傷病處理流程，通報機制（工作職掌、家校互動）、醫護站地點設立等。若是到戶外進行活動，隊輔隨身需要有簡易急救包，處理最簡單的皮外傷，護理人員則須定點在醫護站，以處理緊急狀況。若遇重大外傷，後送醫院，先前在營隊周邊的

醫療資源、醫院類型、地址、聯繫電話等，都應納入活動方案中，以讓活動承辦團隊獲得家長、學生的充分信任。

## 89 內科病症處理

我們在進行活動時，學員常會自訴肚子痛、頭痛等看不見的傷痛。此類情況可能是心理因素造成（不想參加某項活動或挑戰），輔導員能不能察言觀色、評斷真偽，關鍵在輔導員和學員的關係建立程度。另外，若是真的身體不適，可同步翻查營前的健康調查表、家長聯繫確認等，來協助後送，照顧好每位學員。

## 90 換人接手也許更好

處理的問題相當棘手時，不要一昧堅持「非我不可」、「只有我才能處理」等偏執的信念，有時換人接手，是更好的選擇。離開當下的對話空間，能讓自己有機會重新檢視和沉澱。另一位工作夥伴的介入，是不同角度的對話與溝通，幫助雙方澄清與溝通。尋求資深有經驗的夥伴，協助處理棘手問題，是很重要的學習歷程，以累積經驗值。

# CH2-10

## 10 個總結收斂工具

　　結業式，作為離營前的最後一個活動環節。輔導員帶領學員一起回顧、總結、表彰，幾天來一起共同創造的學習經驗和收穫。本章節分享的收斂形式、工具，都是我們歷年來的成功經驗，幫助青少年深度反思，帶走收穫。

　　有一個重要的提醒，如果結業式有安排頒獎環節，務必放在反思環節的後面，以免影響學員的情緒，致使大家無法專注討論，降低課程效益。我們更鼓勵活動團隊，在條件允許的情況下，邀請學員的家長、老師到場參加結業式，一同見證學員的成長。

## 91 影像回顧

組織分工若有攝影組跟拍記錄學習歷程，在結業式一開始，播放課程紀錄的照片、影片，是很棒的回顧媒介。輔以音樂帶動氣氛（營歌為佳），或溫馨或感性，引導全體夥伴，回顧我們一起走過的點滴，再邀請學員、工作人員發表感言等。

## 92 戲劇回顧

邀請小隊全體夥伴，上台演戲。演出營隊中最讓人印象深刻的片段，同時能夠呈現學習收穫。激發學員的創意，透過小隊討論，大家一起回顧學習歷程，轉化作為表演，就是一種動態的反思收斂。結業式的主持人，在引導和串聯每個小隊的表演時，務必再次凸顯課程亮點、收穫。

## 93 學習成果展現

結業式的流程安排中，不乏學員心得發表。發表的形式除了個人上台發表外，可邀請學員挑選照片搭配感言、小隊總結的學習心得，以海報形式呈現，或前一晚邀請所有學員撰寫心得，節選精彩段落，邀請學員現場回饋。無論何種形式，目的是讓學員彼此分享學習收穫。如果結業式能邀請家長來現場更好，共同見證孩子成長的喜悅。

## 94 頒獎儀典

營隊中我們透過評比、積分，創造競賽感、榮譽感。我們必須給學員一個最終成果。在結業式的流程中，安排頒獎環節，慶賀團隊和個人的成長。有比賽就有輸贏，競賽結果依名次給獎。另外可技術性安排較中性的獎項名稱，例如：生活競賽優勝、精神總錦標、熱心服務獎等，分配給沒有得名的小隊，創造人人都有獎狀、獎品的情景。建議頒獎環節，安排在反思段落後再進行，以避免獎項成績公告後，學員的情緒有所波動。

## 95 寫給未來的自己

寫一封信，給未來的自己，是總結本次營隊的收穫，對自己未來有哪些期待、想像、計劃。透過輔導員的引導，將學習收穫轉化為行動的契機。未來的時間段可以做設定，例如一年後，再回到營隊來看信，又或者活動團隊在來年此時，將信寄到學生家中，創造驚喜感、連結感。這都有助於家校、親子溝通。

## 96 關鍵詞

在投影幕上秀出多個關鍵詞，引領學員思考和分享，學習收穫。關鍵詞的設定和選擇，需緊扣課程核心、內容加以延伸，讓學生有機會談到感受、發現和

未來。需要花費心思來做設計，才能達到最佳效果。另外，也可以每次只秀一個關鍵詞，以此為提問句的開展，邀請學員分享、回應。

## 97 齊唱營歌

營歌是營隊的精神展現，同一群人在營隊尾聲，最後一次一起合唱營歌，是精神展現、互道珍重。營歌要選擇好唱、有意義的歌詞，才能在大合唱時，作為精神戰力展示，每一次的組合都是獨一無二的，此時此地的全體工作團隊和學員，很難全員再聚！引導大家珍惜相聚的緣份，以及帶走的收穫，是最後齊唱營歌的珍貴意義。

## 98 結束圈

邀請全體夥伴圍圈坐下，依序每位夥伴，都要表達感謝或祝福。聽見每一位夥伴的收穫，作為總結收尾。如果營隊總人數太多，在這個段落應該以小隊為單位，再擇代表發言。同時可以善用 CH2-7（61）—（70）促進討論工具，應用在此環節。

## 99 倒數 10

邀請全體夥伴，站立圍圈，一起拉著繩圈。所有

人面向圓心，拿著繩子一起往右邊小碎步移動，主持人從 10 開始倒數，任何人都可以喊停，表達感謝、祝福，給到在場的任何人。越接近 0 的時候，可以2.5、2.4依序倒數，創造緊迫感、結束感，讓有話想說的夥伴，珍惜最後的時間，暢所欲言、互道珍重。

## 100 祝福的結訓證書

邀請全體夥伴，站立圍圈，邀請營主任，給每一位夥伴隨機頒發一張證書。再請每位夥伴，將證書找到其主人，給對方祝福。贈予他人祝福和接受他人回饋，是格外珍貴的禮物。有別過往制式發放證書的刻板印象，創造溫馨且歡樂的氛圍。接續通常安排大合照，作為離營前的最後合影。

# CH3
第三章

聚心玩出社會適應力
站在聚人肩膀看未來

# 目錄 content

CH3-1　同理與關懷 涵養領導魅力　　163

CH3-2　蓄積能量 異國他鄉創新業　　167

CH3-3　社會大學先修班 無縫接軌職場　　172

CH3-4　生命中不只有活動　　176

CH3-5　莫忘初衷 勇敢做自己　　180

CH3-6　不停止學習 團隊才能永續　　184

CH3-7　把心打開 重新學習　　189

CH3-8　性格優勢讓每個人都耀眼　　193

CH3-9　團隊從未放棄我　　197

CH3-10　放過自己 重新認識自我　　201

# 聚心玩出服務力

　　以體驗學習為本、活動營隊型式開展服務學習，反哺服務高中母校的學弟妹，這是近二十年來，聚心活動團隊所走出的一條路。在服務他人的歷程中，最有收穫的往往是我們自己，社會適應力的養成與先修，就在校園時光裡點滴積累。希望更多的新聚人，在大學階段，要顧好課業、生活，還要把握每次活動課程鍛鍊的機會，直面困難、挑戰、煎熬，只有在其中勇於任事，才會有所成長。

　　國內外大學，多有社會適應能力測驗量表，針對該校學生入校和離校的前後對照，來檢視學校所提供的學術、活動課程質量。我想社會適應力大多涉及與關聯：問題分析與解決、人際交往溝通、創新行為、資源整合應用、領導能力、自我管理與行動力等。如何提高學生的社會適應力，我認為最佳學習方式，就是參加社會實踐！在真實的社會情境下，體驗與反思，才有機會真正帶走收穫。

　　2004 年迄今，一路走來，有師長、同學、學弟妹的支持和傳承，讓此校友組織日益茁壯，在學校綜合

活動課程精進創新的同時，聚心擁有更多突破和學習
的契機，不斷探究新的教育理念、教學模式、評量方
式等，打磨出屬於南山高中特有的課程與校園文化。
「玩」社團不怕被汙名化，端看我們怎麼玩，玩出什
麼？我特別邀請多位學長姊書寫，以他們在職場打滾
多年的此刻，回看聚心時光裡，到底帶給他們什麼？
鼓勵後進的新聚人，能有更多探索未來的途徑可循。

# CH3-1

# 同理與關懷 涵養領導魅力

文／陳鵬年

立德大學 翻譯學系
荷康人體博物館管理服務有限公司
項目經理／餐飲總負責人

　　時間一晃，轉眼竟快要 20 年，聚心還在學弟妹的手中傳承綻放著！想當初，我們都是滿腔熱血的稚嫩少年，有志一同，大學分隔再遠都為了同一個理念而聚在一起，「做有意義的事，讓學弟妹學習到東西！」為了讓學弟妹能夠從綜合活動課程、戶外探索活動中，學習更多團隊領導的知識與技能，在深謀遠慮的鄺老師鼓勵之下，聚心活動團隊頓然而生了。而這一切的點點滴滴，對於在職場上打滾拼搏這麼久的我來說，回頭一看，真的只有驕傲與感動！

　　在聚心活動團隊的一次次活動經歷，讓我具備更多的對外溝通、對內團隊領導的能力，尤其是如何讓一個團隊在每次的活動中，齊心且專注在同一枝箭上，並在各個時間節點內完成目標，達成要傳遞的品格與價值，這些都是步入職場必備的核心能力，更對自己受益終身，可以帶到每個工作團隊，更高效管理以展現工作成果。經過社會一次次的打磨淬鍊，每次都帶

領著團隊衝向業績高峰，儼然成為我現在不可或缺的超能力！很多老闆、高管都曾私底下問我，你是怎麼做到的？我都會毫不猶豫地回答：同理、傾聽、關心與引導，是聚心活動團隊帶給我的！

當你在職場學到許多經營管理的工具，卻遠遠不比領導魅力和關心更有用處！在兩岸職場打滾的這幾年，讓我知道領導魅力和關心，放諸四海皆受用！員工的工作效率低落，必有其因，只要妥善運用你的魅力、傾聽和持續不斷地關心，去找到變數和原因，激發學生的工作熱情與動力。在職場溝通的不是機器，是人！要有判斷事情的能力，接納不同角度、生活經驗與文化習慣等，引導使其敞開心胸，接納與改變！工作效率提高了，團隊磨合的效率自然也就提高了！

鼓勵後進的小聚人們，在影像時代中多加涉略與借助互動影音媒體載具，來呈現具有歷史文化特色的活動主題，這樣的新舊碰撞的主題包裝，總是能輕鬆炒熱話題，造勢創造記憶點！當然，每一次活動的創意廣度，與執行深度都需要平衡把控；就像是學業、生活與活動一樣都需要平衡；也像是帶員工一樣，絕不能偏袒與差別對待，避免失衡的狀態，站穩腳步，向前奔跑，抓住屬於你們的青春，加油學弟妹！

### 聚人看過來

　　領導技術的外顯形式、制度各行其道,唯有領導的藝術,需要經過長期的積累,才能體悟出合適自己的領導風格和心法。無論在哪一個社會團體中,我們不因職位高低,而在待人處事上有所不同。讓團隊的每一位夥伴,都能感覺到我們彼此同在,接續的交流對話,才會是真誠、互信的。若有機會身為領導者,你是不是也能與團員同在?真誠關懷並幫助他人成長?

# CH3-2

## 蓄積能量 異國他鄉創新業

文／許家豪

輔仁大學 企業管理系
泰國玩客瘋旅行社 創辦人
泰國一年二班酒吧 創辦人

　　我有幸在聚心草創初期即有機會加入，成為首批創會團員，學長姊們十八般武藝樣樣了得，有創意啟發者、美術高手、企劃大師、廚藝師傅、心靈導師、引導員專業等各式人才，他們除了各有所長，個性也大不相同，有些幽默詼諧、活潑有趣，又或者沉著冷靜、匠心獨具，某次內訓課程為個人魅力展演，學長姊身先士卒示範後，接續請我們各自表現，聽到學長姊的回饋，瞭解到他們不同的視角和關注的重點，正向、負向的表達，會給我們帶來哪些感受。在後來的活動籌辦歷程中，學長姊的處理方式，讓我體會到措辭的不同，僅僅是隻字片語，就能讓人感受大不同，進而影響反饋與省思的成果，從而影響日後，我在籌辦企劃活動、待人處事的風格和特色。

　　在聚心活動團隊中學習到的策畫執行能力，一直在我大學生涯中，反覆地運用驗證，不管在聚心活動，或是在大學系學會活動中，伴隨經驗的累積，能量不

斷的提升，在大學畢業時回首一看，在同儕任他玩四年而陷入畢業前徬徨時，我已具備人際溝通技巧、企劃書撰寫、方案執行、創意發想、待人處事、資源分配應用等能力，在活動中不斷的錘鍊與昇華，在活動中有所失誤，但這些都是成長所需的養分，抗壓性、危機處理能力更是同輩中的翹楚，都拜聚心以及校園中活動的經歷影響，才得以在初入社會時，對於未知的未來，有所依傍而安心不少。

一直以來我總是喜歡為別人帶來歡樂，以及難忘回憶為樂。現在的我有雙重身份，但是都不離初衷與所學，首先是旅遊業，在旅行社中我擔任的角色很多元，我是一線工作人員，擔任導遊與領隊的角色，其中行程地點介紹、場地勘查、危機處理以及急救常識，是旅遊從業人員不可或缺的基本功。在旅途中會出現各種狀況，沿途溝通協調各方配合單位，小到車輛調度、用餐住宿安排、行程多寡、體驗強度等，從顧客角度發想，規劃設計客戶滿意的體驗。

其後我更創立了屬於自己的餐廳酒吧集團，最讓我印象深刻的是，員工管理這個課題，人永遠是所有行業的關鍵，在人員管理上我運用以前在活動中溝通協調、任務分配、權力下放以及向心力凝聚、引導反思等方式，以一個外國人的角度立足泰國，要管理著一群身份、背景、文化、環境完全不同的員工，絕對是挑戰，慶幸曾經有過聚心活動團隊管理的經驗，才

得以轉化和應用。

在人生不同的階段會接觸不同的人，高中升大學即是進入小型社會，如果有幸能夠加入聚心活動團隊，一定要藉著這個機會，優先培養團隊榮譽感、協作溝通能力，這樣會更有利於步入社會職場。聚心導師酈老師，曾跟我講過一句話：「如果在學生時代，能夠體驗挫折以及失敗，那就是人生中很寶貴的機會，因為學生時期所有的失敗、挫折，都會成為未來成功的養分，並且學生時代一切都有重來的機會，但是在社會上往往一失足成千古恨，永遠無法挽回。」

人一生中徬徨害怕的時刻很多，但是沒有任何決定是完全正確的，所以有任何的夢想，大膽地去執行與嘗試，經歷了成功那便是最好的結果，失敗卻也無憾。在泰國發展的我，一個人在異鄉獨自打拼，但是為了夢想我不後悔，回首這些年的經歷，不管是學生時代、聚心時代還是創業過程，我都覺得人生充實且精彩。

## 聚人看過來

在聚心活動團隊所蓄積的能量，哪一天能開花結果，誰都說不準。一旦你認同和加入團隊後，就要抓緊任何學習和付出的機會，多承擔責任和工作，當下覺得是吃虧，卻往往是收穫最豐碩的人，能帶走許多無形的資本。在職場上創業維艱，擁有更厚實的社會適應能力，助益事業拓展少走冤枉路，相信也會有更多貴人提拔、相助。

# CH3-3

## 社會大學先修班 無縫接軌職場

文／張家珩

淡江大學 電機系研究所
展力測試儀器有限公司 工程師

在聚心讓我最印象深刻的是鐵人挑戰營，結合多元課程、互動學習、活動省思及 GPS 探索教育等項目，籌備的內容及人員訓練，都是當時規模最大的活動，籌備過程中還需培訓新聚人，為團隊注入新血，當時有幸成為第一屆的執行秘書，感謝學長姊以及夥伴的協助，無疑地聚心完成了這項挑戰，為未來的聚人們樹立了第一個標竿。

在以往的活動中，時間都較為短暫且內容單純、活潑，擔任領隊的夥伴也不需要大範圍奔波及長時間的陪伴學員，但鐵人營時，幹部及領隊都必須面臨體能以及精神力的考驗，籌備期更是需要細心與專注，才能完整籌備最好的內容給學員，但越辛苦得來的果實越甜美，準聚人們也能越完整學習，從零到有的過程，成就聚心走向茁壯的未來。而聚人們在經歷過這段過程後，不僅變得更成熟，面臨隨時發生的危機處理都更加沉著冷靜，並且有條理的分析事故原因，立

即做出正確判斷,實現自我成長的成果!

團體生活如同一個小型社會,像是學校、社團、家庭亦是如此,當然聚心也不例外,但不同的是我們除了擁有像家人、朋友一般的感情,更透過事務的分配及管理影響彼此,這就好比一間公司的運行,過程中不免遇到對人、事、物等觀點不同,造成的意見分歧與衝突,如何從中學習對人、對事的溝通、處理與思考很重要。

由於我在聚心大多數的時間均擔任要職,因此當我步入社會之後,沒有出現不適應感,遇到周遭環境改變、人與人之間的相處,都能夠快速反饋和調整、融入其中,溝通能力更是在聚心團隊裡,鍛鍊最多的部分。出社會後,一路從新鮮人到成為獨當一面的工程師,過程經歷很多挫折與磨難,工作除了專業知識外,主管交付的專案項目,更是考驗我的工作能力,和工作夥伴交流溝通,分配合適且擅長的工作內容,取長截短、共同協作,以提高工作效率和完善成果。這些都能回應連結在聚心的學習,傾聽與溝通力,實有助於提升團隊默契與向心力,感謝聚心給自己成長的機會,才能在現在的工作中有不錯的成績!

能夠成為小聚人,代表對團隊及自己有一定的期許,努力往目標前進,虛心受教來自學長姊的教導,勇敢面對挑戰,盡情享受每個過程,用心感受這裡的

一切，一日聚心人，終身聚心人。走過一段收穫滿滿
的聚人生活，此時你們心裡將充滿能量，在接下來的
嶄新生活中你們將持續發光發熱，不要忘記在聚心的
所學所見，有機會更要回饋自身所學，讓聚心更加茁
壯！

### 聚人看過來

　　招募理念相同的年輕人在此相聚，有清晰的團隊
目標和共識，我們清楚知道，團隊為什麼而存在，彼
此的價值觀和信念一致，才能讓團隊永續發展。組織
領導、溝通協作等能力，已成為社群互動、人際交往
的基本能力，如果能在大學期間，在社團活動、實務
工作得到鍛鍊，即使是挫折、失敗的經驗，都是最棒
的學習歷程，都讓我們有面對、調整的機會，為步入
職場的夥伴，有更多的預備和期待。

# CH3-4

# 生命中不只有活動

文／趙晟彣

輔仁大學 國際金融與貿易學系
昆山康橋學校 活動組長

　　籌備、練舞、開會、演練、流程、製作美宣，我想是每位聚心夥伴在準備活動時的回憶，我們大量的時間都花在這，家人因此擔心會對學業有所影響。還記和媽媽討論是否接任聚心執行長時，差點鬧家庭革命！對此，我想與夥伴一起為活動努力的回憶非常美好，但回過頭看，生活並非只有活動而已，就我個人來說，我會將活動的趣事與收穫，分享給家人知道，爭取他們對此更多的認同。我想和新聚人說，不要因為活動團隊影響與家人的關係，一定有更好的方式去調整，良性溝通、爭取理解也是一種學習。

　　我想聚心留給我的是一份信念，一群夥伴。對於很多不擅長的事，只要有心都能夠盡力學習做好，夥伴將會成為你在成長道路上的最佳陪伴。回頭檢視自己，在大學階段，能夠有機會參與多場企業培訓活動，也因為這些經驗，讓我在出社會時，更清楚如何進行人際交往溝通，更積極且謙卑地和職場前輩請教和學

177

習。

　　我現任職於昆山康橋學校活動組，負責活動課程策畫與執行，很幸運可將過去在聚心所學，連結與應用在工作職場中，以往在晚會中尷尬的訓練、創意活動發想與規劃、GPS 戶外探索教練、舞蹈策畫編排、活動帶領技巧，這些都轉化成為，我和學生們互動引導時的能力。對於活動帶領技巧，從過往注重活動效果、氣氛，到現在已取得亞洲體驗教育學會副引導員證照，簡單的活動，不只停留在帶氛圍，更著重在共同體驗後的反思引導，而每一場反思引導後，都會讓我感謝最初站在舞台上尷尬的自己，因為沒有放棄之後每一次的學習經驗，有所積累與成長，才能更好的完成現在的工作挑戰。

　　對於新進的聚人，我建議在聚心時光裡，探尋出自己的志趣，首先清楚自己要什麼？努力前進，心之所向，有信念往往會影響自己的身心靈，甚至周遭的朋友、家人都能給予一臂之力。我給自己每個階段設定目標：大學、畢業後、當兵後、進入職場後、三十而立之前，要完成哪些個人的追求、任務，一直努力奮進。鼓勵大家，要更開放的去吸收所有活動知識，在聚心團隊有多元學習的平台，且看你真正想要的是什麼。如果你現在真的完全沒有想法，請細品馬克‧吐溫的一段名言：若想要感覺安全無虞，去做本來就會做的事；若想要真正成長，那就要挑戰能力的極限，

也就是暫時地失去安全感……所以……當你不能確定
你自己在做什麼時，起碼要知道，你正在成長。

### 聚人看過來

　　不同人生階段，有不同的學習課題，能在學生時
期，就學會在多領域、多角色間學習平衡，是非常珍
貴的經驗。聚心夥伴常遇到家人、朋友的不理解，往
往是因為大量的時間，全都奉獻給團隊，家人的關心、
提醒，其實是提醒我們，失衡了！練習良性溝通、爭
取家人支持，是必修課題，因為在往後的人生路上，
多的是平衡的考驗！

# CH3-5

# 莫忘初衷 勇敢做自己

文／陳益泉

中華大學 科技管理學系
昆山康橋學校 德育組長

2010 年草山探險隊，學長張家珩鼓勵我站上舞台主持，當時我不擅長公開講話，拿到麥克風時都還在發抖，上台後語無倫次、沒有重點，連基本的控場都有問題，只能回頭望著學長，阿珩學長接過麥克風，態若自然地完美救場。活動結束後他沒有責備我，依舊輕鬆的跟我玩笑、聊天，繼續鼓勵我。在聚心活動團隊，我看見學長姊願意給後輩嘗試、學習的機會，同時也感受到，學長姊適時挺身而出的溫暖和依靠。

那是我第一次擔任活動長，我盡力的去策劃了一場晚會，我以為就是照本宣科的做，依照學長姊的歷史資料，加以借鏡參考。直到站到舞台上，主持詞窮、器材出問題、突發狀況不斷的當下，我才知道，這些意料之外的事情，都源於我自己，我並沒有準備好。我體認到，沒有萬全的準備，成功是不會「意外」到來的。此後，我會在上台前，竭盡所能的準備，準備我所能想到的一切事項、細節，絕不掉以輕心。

　　我大三卸任聚心執行長後，那年暑假，我到大陸無錫的工廠實習，體驗到了生產線上的枯燥乏味，我忽然悟到，當你真正離開過，才能理解當初你為什麼會來。我才體悟到，原來我是最渴望的是一個「舞台」，回到學校，我創立了中華大學覺察樂活社，規劃執行社團課程、活動，那時候我才發現，原來我已經將統籌、策劃、執行等能力，帶到我自己需要用的領域。畢業以後，我進入康橋國際學校工作，在與學生溝通上，活動課程的帶領技巧、經驗，都是過去在聚心的磨練與積累所得。

　　你想成為什麼樣的人？什麼樣的角色？自己做出決定後，朝目標邁進。我認為聚心給我兩個禮物：觀念、信念，因為聚心給了我舞台、機會，讓我知道觀念、信念，是可以真實存在的，這兩個禮物，支撐我渡過各種難關跟考驗，也讓我在不確定的未來裡，更相信自己。一個懂得做自己的人，無論扮演什麼角色，都能保有自己的風格。

　　我想勉勵新進的聚人們，我們很容易迷失在一成不變的現狀。隨著自身成長，有不同階段性的目標與追求，但不變的是要謹記初衷。時常提醒自己，當初為什麼加入聚心？義無反顧地相信選擇，並且付諸行動，才能看到希望。一不做、二不休，既然選擇要做了，就要做到最好、做到極致。竭盡所能，然後才是聽天由命。

## 聚人看過來

　　個人的信念和價值觀，不容易被撼動。要找尋志
同道合的夥伴，共同創建和經營服務性社團組織，需
要學校內、外部課程、活動、文化的孕育，鼓勵更多
年輕學子，願意站出來服務他人，如果自己沒有堅定
的信念與價值觀，以及擁有服務熱忱、愛校榮譽心，
自然無法在團隊久留。很迷茫的時候，不仿試著找學
長姊多交流，談談我們為何而來？

# CH3-6

# 不停止學習 團隊才能永續

文／范森貴

淡江大學 統計學系
體驗教育自由工作者

　　在加入聚心之前，我從未參與過活動帶領，對於活動、隊輔、團康完全是門外漢。但在高三考取大學後，學校給我們機會，擔任鐵人挑戰營實習隊輔，行前籌備期，在學長姊們用心帶領以及同屆的夥伴共同努力之下，順利的結束我第一次的活動帶領。學員的回饋給予我滿滿的感動、信心以及成就感。讓我更加珍惜的是，我和夥伴們之間的革命情感，才是讓我想加入聚心的主因，我想和他們再一起創造出別樣的回憶和特別的聚心。

　　2013 年社團領導知能研習營，最讓我印象深刻，當年只有十三位工作夥伴，服務一百三十位高一升高二的學員，十三位夥伴中，有十位擔任隊輔，另外三位則要處理控場、場佈、器材、吃住等台前幕後等工作任務。最後，活動品質不減反增，結業式脫離傳統模板，更襯托回應營隊主題情境、場佈跳脫出平面佈置，進階到立體實境感、晚會則以電視廣告表演模式

串接，讓短視頻世代的學員更有連結感。這次的活動經驗，讓我體會到身兼多職的辛苦，雖然很累，但卻很充實，更是讓我們在籌辦活動的經驗值，提升了不少。

在聚心的時光裡，我最後悔的是，曾經被退學導致延畢，因為當時身為執行長，身上擔著學長們期待及帶領學弟妹的責任，我選擇不缺席任何一場活動，因此籌備期多在學期間的平日，我當時選擇荒廢課業，現在看來是非常不智的選擇。直到大學最後一年時，我才了解到，其實我還只是個學生，本份應該要做好，才能去做其他的事情，如果能把本份做好，又能把聚心給帶領好，才是最可以讓別人敬佩的！

在聚心的中後段時期，大部分都擔任活動的幹部，但會因為活動類型，而擔任不同的角色，進而去鍛造不同的能力面向。和不同夥伴一起籌備活動時，要能敏銳觀察不同的特質、特長，將其分配在合適的位置，為團隊作出最大貢獻。主持活動時，必須觀察台下學員的狀態，進而做出不同的互動，這是觀察及反應能力。這些能力在踏入社會時，若先前沒有這些體驗、訓練，真得很難一下就做好，真是要特別珍惜和感謝，聚心活動團隊引領我成長。

我認為在聚心學到最有價值的是，引導反思能力，這項能力不只是透過經驗學習循環所延伸的引導技術，

讓參加活動的人，可以更快的反思對話，更是我們個人的生活哲學和藝術，時刻提醒自己面對和思考生活、生命的邏輯框架。在工作場域中，要帶新人學習時，並非告訴他哪裡沒做好，而是引導他回想剛才的經驗，有哪些可以調整，可以更好的地方，從他個人去思考和行動。反思能力對自己也是重要的，在過去的工作中，我一樣是用這個方法來檢視自己，透過自我反思使得自己慢慢的進步與成長。

我特別想和新聚人分享，在聚心帶活動、帶人、辦活動、當社團課程講師等，但千萬不要因為在聚心得到成就感，就因此自滿而終止學習。聚心之所以有現階段的成果，是因為我們散落在各大學，融合各校系籌辦活動的經驗，融合回饋到聚心分享和應用，使聚心不斷的成長，身為聚人也可以效法這樣的精神，走出去看外面的世界，看市場上職業活動隊，是如何籌備、執行活動，肯定會有新的收穫。唯有不斷的學習成長，才能使人更加尊重及追隨，發揮自己的影響力，將聚心服務反哺的精神，身體力行、回饋社會。

## 聚人看過來

聚心活動團隊非職業活動隊，多年累積的活動企劃案例、帶領技巧、培訓教案等，都是過去前輩的心血結晶，後繼學弟妹在傳承的路上，可以有更多的創意和拓展。但切莫以管窺天，認為這些就足夠了！要走出去看世界，多觀察、體驗國內外各類活動，籌辦精緻度、創意思維、行銷技巧等，當我們涉略的領域更加廣闊，一定能有更多新的思考，能回饋給聚心。

# CH3-7

# 把心打開 重新學習

文／諶劭宇

臺灣師範大學 公民教育與活動領導學系
活動領導碩士班在讀
靜心高中 探索教師

　　我特別喜歡，團隊一起解決問題的感覺。我高中
社團是學校儀隊，要求團隊紀律與文化，習慣了濃厚
的學長、學弟制度，加入聚心開始籌備活動時，覺得
好多事情都沒有效率！很多事情，只要學長拍板定案
就好，有什麼好討論呢？後來因為有夥伴吵架，讓籌
備進度停頓下來，學長姊透過引導討論的方式，帶我
們真誠反思對話，談出團隊當下的問題和改進計畫。
這次經驗讓我發現，學長姊的訓練是要讓我們變成一
個團隊，而不是像我以前社團一樣，學長姊說一是一，
而是有事情，團隊會一起承擔，所有夥伴都會是你的
後盾。

　　能夠在工作場域，繼續保有一樣的外號，是一件
很棒的事情。我是企鵝，目前在台北私立靜心高級中
學擔任探索老師。我很幸運大學畢業即加入靜心學校
服務，探索中心剛創立，有一位組長和四位老師，我
是最「菜」的、年紀最輕、教學經驗最少的，我思考

要怎麼快速融入團隊，讓大家願意帶我、跟上他們的
腳步。

　　我永遠記得我第一次上課後，組長給我回饋，說
我的課程很像在帶活動，要我修正。我才發現一定要
把自己變成空杯，虛心的接受所有建議，重新學習。
在那之後，我微調過去的帶領經驗，逐漸找到自己特
色的課堂教學模式。我把聚心帶給我的「補位」觀念
應用在職場，我經驗少，不代表我對團隊沒有貢獻，
很多時候，反而能從不同角度去看事情，跟團隊夥伴
做分享，另外在團隊需要幫忙的時候，主動站出來承
擔，是很重要的。

　　我認為聚心是一個跳板，你可以在這裡，更認識
自己，因為現在的高等教育帶給我們學習知識之外，
更多的是要自己探求興趣。利用這個跳板，多看、多
學、多玩，無形中都在積累你自己的各項能力。「想
要深入了解一個人，與其跟他談話一整年，還不如跟
他一起玩樂一小時。」我一直很喜歡柏拉圖說的這句
話，因為這就是聚心的寫照，我們一起帶活動、一起
玩，我們也彼此熟識，而我們會邁向巔峰。給後進的
聚心人，玩得更好！找到你的興趣、專長，把它發揮
出來，未來直面挑戰的時候，你不會難過自己還沒準
備好，而是你可以正面迎戰。

聚人看過來

　　從活動帶領進階到活動課程、探索課程教學，需要更多知識儲備、更多體系化的建構和預備。建議有志從事教育工作的新聚人，在大學階段即可開始規畫，教師資格考試、教育相關研究所考試等，豐富自己的理論基礎，為步入職場有更多的準備。無論到哪個領域工作，都要有空杯心態，先拋開過去的經驗，去探索和發現新領域的大小事務、團隊文化，虛心向資深前輩請教，對於人際關係、工作推展，都能相得益彰，擁有更好的成果。

# CH3-8

# 團隊從未放棄我

文／王若庭

元培科技大學 護理系
新莊臺北醫院 急診室護理師

　　我接任執行長後，當時就讀大四面臨實習和公家考試，以及團隊內部的庶務，因為對自我要求很高，看著前幾任的執行長，都是我心中很優秀的學長們，反覆詢問自己，何德何能站在與他們同樣的高度上，又如何創造更好的巔峰？我當下選擇逃離聚心，將自己的心門關閉。

　　發現我異狀的學長們，紛紛前來關心，他們鍥而不捨與我聯絡，有些人以他過往的經驗，分享未來的路線調整；有些人跟我分享，在最艱難的時刻接下執行長，是最勇敢的承擔；有些人則回饋：自己認為，這是當下最好的決定就可以。他們把我個人的感受、現狀放到第一位，而不是聚心執行長的身份，尊重我的選擇。最後讓我下定決心回頭，是陳益泉學長的一句話：「真正的勇者，是放棄後卻決定再度堅持下來的人。」讓我重新梳理情緒和狀態，重新再出發。

　　我認為在聚心學習到最多的是社交能力，身為活動人最重要的是不怯場，以前我不敢在公共場合當主動發言的人，總是在自己熟悉的小圈圈內，但是透過在聚心一次次活動的養成，能夠在不熟悉的環境中，冷靜清晰的梳理自己的想法，且有條不紊的闡述，並且抓住人們的目光。其次是處事能力，在活動上總會面臨意料之外的突發狀況，除了事前設想好所可能面臨的備案，危機處理能力，也是在實戰中被訓練出來。

　　醫院急診室是我現在的工作環境，當自己手上有好幾個病人要處理時，會像帶活動的現場一樣，先靜下心，花幾秒鐘時間判斷，最危急的病人先處理，急救時冷靜以對，與同事相互分工合作，並且積極溝通，就像帶活動時，出狀況會與夥伴迅速在各自的崗位上回報，並且判斷可行的處理方式。這是我認為，聚心活動團隊，訓練給我的工作思維，可以活用到工作場域中。

　　踏出自己的舒適圈，會看到人生不一樣的風景，在聚心的每個機會，都有可能是你人生的轉捩點，你可能像我一樣，最後選擇的職業和活動毫無關係，但在聚心所學習到的技能，都是往後人生中的利器之一。能夠成為學員們中學生時代最有印象的隊輔、刀子嘴豆腐心的值星官、最溫柔的大哥哥、大姊姊、甚至你可以改變某些人的生命，我們在活動期間成長，彼此

互相噴灑自己的色彩，去渲染對方的人生畫布。祝願每位夥伴，都要為了自己而綻放，聚心永遠是我們的家。

### 聚人看過來

面對壓力的當下，團隊夥伴用什麼角度，來關照、協助夥伴走出困境？我看見以人為本的溫暖，去理解夥伴當下的處境，並尊重其選擇。尤其本案例所談，執行長掛冠求去的空窗期，致使團隊運作停擺，實有不小的影響，但是學長姊將團隊放在第二順位，看見當事者的需求，這樣的團隊文化彌足珍貴。放棄後，又再度回到團隊承擔重任，更是獨一無二的學習經驗，對當事人來說，必是生命中珍貴且厚重的禮物。

# CH3-9

# 性格優勢讓每個人都耀眼

文／張賀玲

彰化師範大學 公共事務與公民教育學系
碩士班在讀
彰化縣彰安中學 童軍教師

　　記得我第一次以引導員身份，參與的課程就是強度較高的高空體驗課程，要同時掌握繩索技術、反思技巧與課程氣氛等，對我來說是極大的挑戰。但此次課程經驗，卻讓我深刻領悟引導員的角色定位：假若活動帶領者，就像領跑員指引前進的方向，那我想引導員，就是陪在跑者旁邊的陪跑員。而這樣的練習，也讓我在往後帶領非體驗教育的課程或活動時，也會試著轉換身份與心態。適時的退後，賦予團隊更多的空間，用平行而非上對下的視角參與，讓課室的對話更加真實且有意義。

　　由於我的性格特質較為內傾，所以過去我在群體中，通常會選擇扮演維護團隊的角色。直到加入聚心後，因為活動任務分工，使我在不擅長的領域有了較多的練習與成長。像是團康活動的設計與帶領、晚會活動的規劃與演出、主題式課程的安排與進行等，都是我在聚心有刻意練習的部分。我認為，這些看似只是在學習活動人員所需的技能，其實同時也是訓練自

己在面對未知的挑戰、陌生的工作任務時，該如何去用心看待眼前的挑戰，以及如何更有效率完成任務。而這樣的態度，不論在面對自我、他人與社會，都是相當受益的。

我在大學階段自我探索後，發現自己更喜歡從事教育相關工作，便決心念研究所，接受完整的師資培育訓練，並同時在教育現場，從事自己熱愛的工作。我較同齡的教師，在教育專業知能方面起步晚得多，需要花費更多心力預備，才能給予學生良好的課程品質。在摸索的過程中，我才發現過去在聚心累積的活動經驗，也能應用在我的課堂上。我能快速與學生建立友好的互動模式，鼓勵學生做更多的自我表達。如引導員的訓練，讓我能看見學生的性格優勢，並試著分享我的觀察。如反思活動的練習，讓我在課程設計上，能透過動態活動和對話，引發學生對課堂學習的興趣、覺察自身的感受等。

聚心的活動類型有很多，自我評估，心有餘力之下多參與不同類型的活動、在活動中擔任不同的職務，在不同面向多所涉略。請相信用心籌備活動並參與其中後，必能有所獲得。不要認為自己在團隊已經很有經驗，就停止學習。鼓勵小聚人們在覺察自己熱愛的區塊，能再到外面尋找資源，學習更多專業知能。像是喜歡戶外活動的小聚人，就可以往山域、水域、野外急救、風險管理等領域，做更進一步的探索與學習。

　　我在聚心時，曾因自己內傾的性格特質，不像外傾的夥伴，擁有舞台魅力站在台上主持，而感到自卑；直到我後來受了引導員訓練、練習覺察不同性格類型後，才發現，其實根本不需要跟其他人比，每個人都有屬於自己的性格優勢，也漸漸的從認同自己到欣賞的階段性成長。最後，祝福每位夥伴都能看見自己的價值，找到自己的定位。

### 聚人看過來

　　聚心活動團隊，提供活動籌辦與服務的平台，更是磨練人際互動、探索自我的最佳平台。學長姊以大帶小，引領夥伴活動技能養成，同時也有更多情感交流，就像帶領營隊的學員一樣，學長姊透過哪些媒介、方式、方法，讓學弟妹認同和信服，對團隊有向心力！體現在每個活動專案的籌備點滴，我們是不是給予更多試錯、創新的機會，讓新進夥伴有更多突破和嚮往。覺察自我性格優勢，從面對到欣賞，勢必是漫長的道路，有幸在聚心有良田沃土，可以慢慢滋養。

# CH3-10

## 放過自己 重新認識自我

文／林佳君

東海大學 社會工作系應屆畢業生

　　我在高三帶鐵人營時，第一次感受到高壓力下與夥伴共同扶持、共同前進努力的感動，營期結束後，非常捨不得和夥伴共同建立起的革命情感。因此大家都決定一起填「聚心報名表」，想再次獲得一樣的感動。另外，也在鐵人營認識很多厲害的學長姊，再加上我本身其實是個沒自信、有點放不開的人，也想透過這個機會，讓自己獲得成長。還記得我在報名表上寫下「想成為有自信、厲害的人」，希望從學長姊及夥伴身上，學習到我當時並不具備的能力，這也是我對於自己加入聚心的期待與改變。

　　最讓我印象深刻的內訓是一高空體驗結合 FVC 反思工具。老實說，在那次內訓之前，我對 FVC 的學習並沒有什麼特別的感覺，不過在那次內訓中，我開始體會到 FVC 的意義與效益，讓學習者從體驗活動中去進行反思，或許是我突然開竅，也或許跟我自己的科系有關，再次整合過去的學習經驗，我就能清楚類似 FVC、團隊動力等類型的工具，在我們籌備營隊時，

能幫助我們發現問題，並進行解決與處理。更激起我想去報名參加，亞洲體驗教育學會的助理引導員認證課程，讓自己對體驗教育有更多的認識和掌握。

我在第 11 屆鐵人挑戰營中擔任活動長，對我來說是非常重要且深刻的學習。我在那時學會了「如何面對自己的不自信」。我總是在學長姊身上，看到他們光鮮亮麗、處變不驚的部分，因此有時會不知道自己還能為團隊做些什麼？常常感到自我懷疑與害怕，是不是不夠稱職，因此產生極大的壓力，但經由檢視自己的心，學會了正視與重建自己，放下許多高標準的期待，適時給自己鼓勵，學會看見自己做得好的地方。

我想對後進的小聚人分享三個心態：主動積極、努力、不放棄！因為不管做任何事情，其實最重要的還是自己要主動，因為主動積極，才會學到東西，雖然過程中會有些挫折，但如果能夠繼續努力不放棄、突破自己，最甜美的果實就會屬於你。另外，也想送大家一句話，「沒有做不到的事，只有自己願不願意去努力」，這也是我一直在提醒自己的，因為我自己本身學習能力比較差、學比較慢，所以常常會感到挫折，但我一直相信只要肯努力去練習、去學習，比別人花更多的心思，那你也能追上其他人，也能做得比別人好！

聚心，對我們來說是意義重大的地方。聚心，是大家「聚」在一起開開心「心」；聚心，是「聚」集人才凝聚向「心」的夢想之地；聚心，「聚」是一團火，散是滿天「心」，聚心人聚在一起能夠成為最熱情四射的火焰，而散落在各地各大學各職場，都能是閃閃發亮的那顆星！

## 聚人看過來

每一位夥伴都有獨特的特質、個性，聚心創造異齡交流與學習的平台，在大手牽小手、教學相長的歷程中，能夠快速檢視籌辦活動的相關技能，有沒有真的學會、學到，貨真價實的會，才能指導、帶領後進的學弟妹。另外在情意面向的學習，更顯重要！每年加入新夥伴後，團隊又將再次建構，讓後進夥伴融入團隊文化的同時，還能彰顯個人特色，這都有賴領導者的經驗與藝術，細膩的察覺新夥伴的問題與需求，在共事的過程中，幫助個人成長與自我價值的實現。

**聚心玩有引力：**
社團經營的服務力
引導力和領袖魅力

**國家圖書館出版品預行編目資料**

聚心玩有引力：社團經營的服務力、引導力和領袖魅力/李冠皇著. --
初版. -- 臺北市：博客思出版事業網, 2022.07
面；　公分
ISBN 978-986-0762-23-5(平裝)
1.CST: 學生社團 2.CST: 課外活動 3.CST: 組織管理 4.CST: 中等教育
　　　　527.83　　111007060

教育學習3

# 聚心玩有引力：
# 社團經營的服務力、引導力和領袖魅力

作　　者：李冠皇
主　　編：張加君
編　　輯：楊容容、陳勁宏
美　　編：陳勁宏
校　　對：古佳雯、楊容容
封面設計：陳勁宏
出　　版：博客思出版事業網
地　　址：臺北市中正區重慶南路1段121號8樓之14
電　　話：(02) 2331-1675 或 (02) 2331-1691
傳　　真：(02) 2382-6225
E - MAIL：books5w@gmail.com或books5w@yahoo.com.tw
網路書店：http://5w.com.tw/
　　　　　https://www.pcstore.com.tw/yesbooks/
　　　　　https://shopee.tw/books5w
　　　　　博客來網路書店、博客思網路書店
　　　　　三民書局、金石堂書店
經　　銷：聯合發行股份有限公司
電　　話：(02) 2917-8022　　　傳真：(02) 2915-7212
劃撥戶名：蘭臺出版社　　　　　帳號：18995335
香港代理：香港聯合零售有限公司
電　　話：(852) 2150-2100　　　傳真：(852) 2356-0735
出版日期：2022年7月 初版
定　　價：新臺幣280元整（平裝）
ISBN：978-986-0762-23-5